Impressum
Verlag: BABADADA GmbH, Nedderfeld 112 , 22529 Hamburg
Geschäftsführer / Verlagsleitung: Harald Hof
Druck: Books on Demand GmbH, In de Tarpen 42, 22848 Norderstedt

Imprint
Publisher: BABADADA GmbH, Nedderfeld 112 , 22529 Hamburg, Germany
Managing Director / Publishing direction: Harald Hof
Print: Books on Demand GmbH, In de Tarpen 42, 22848 Norderstedt

el colegio

مدرسه

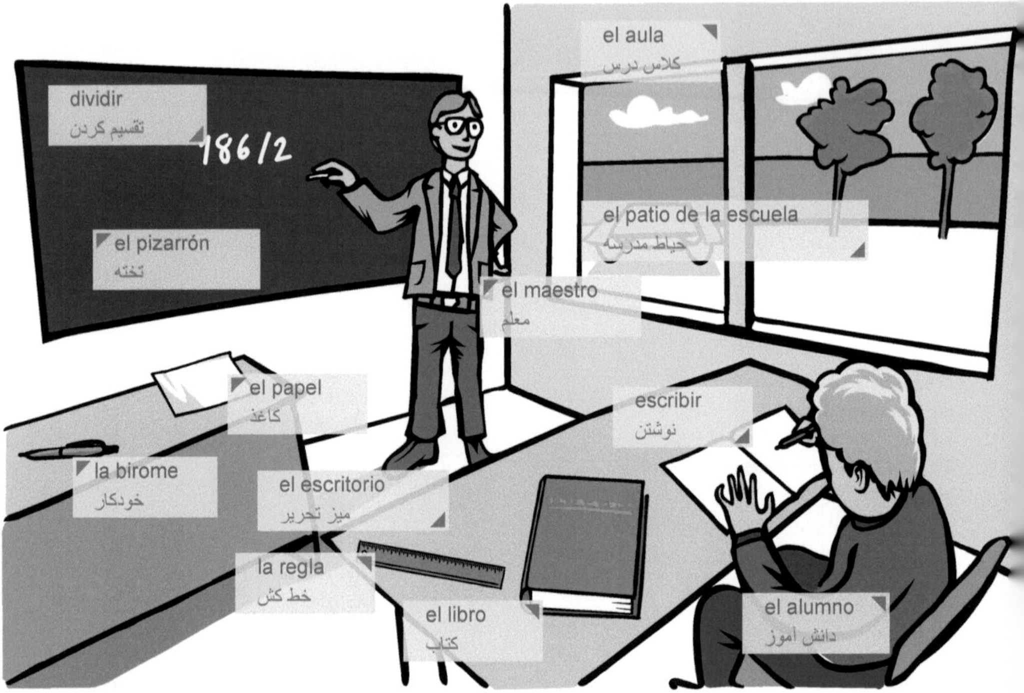

el aula
کلاس درس
dividir
تقسیم کردن
186/2
el pizarrón
تخته
el patio de la escuela
حیاط مدرسه
el maestro
معلم
el papel
کاغذ
escribir
نوشتن
la birome
خودکار
el escritorio
میز تحریر
la regla
خط کش
el libro
کتاب
el alumno
دانش آموز

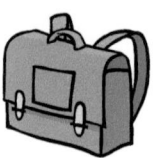

la mochila
....
کیف مدرسه

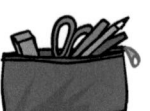

la caja de lápices
....
جامدادی

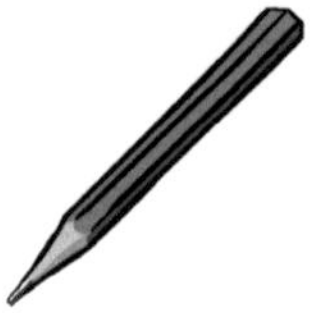

el lápiz
....
مداد

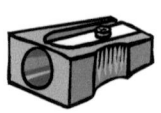

el sacapuntas
....
تراش

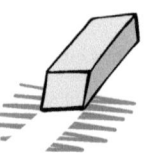

la goma (de borrar)
....
پاک کن

el bloc de dibujo
....
دفتر رسم

el dibujo

طراحی

el pincel

قلم مو

la caja de pinturas

جعبه ی ابرنگ

la tijera

قیچی

el pegamento

چسب

el cuaderno de ejercicios

کتاب تمرین

la tarea

تکلیف خانه

el número

رقم

sumar

جمع کردن

restar

تفریق کردن

multiplicar

ضرب کردن

calcular

محاسبه کردن

la letra

حرف الفبا

el abecedario

الفبا

la palabra

کلمه

el texto

متن

leer

خواندن

la tiza

گچ

la lección

درس

el cuaderno de clase

ثبت نام

el examen

امتحان

el certificado

مدرک رسمی

el uniforme escolar

لباس مدرسه

la educación

تحصیلات

la enciclopedia

دانشنامه

la universidad

دانشگاه

el microscopio

میکروسکوپ

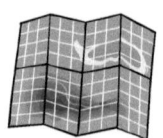

el mapa

نقشه

el tacho (de basura)

سبد کاغذ باطله

el viaje
سفر

el hotel
هتل
Grand
el hostel
مسافرخانه
ROOMS
la casa de cambio
صرافی
EXCHANGE
la valija
چمدان
el auto
اتومبیل

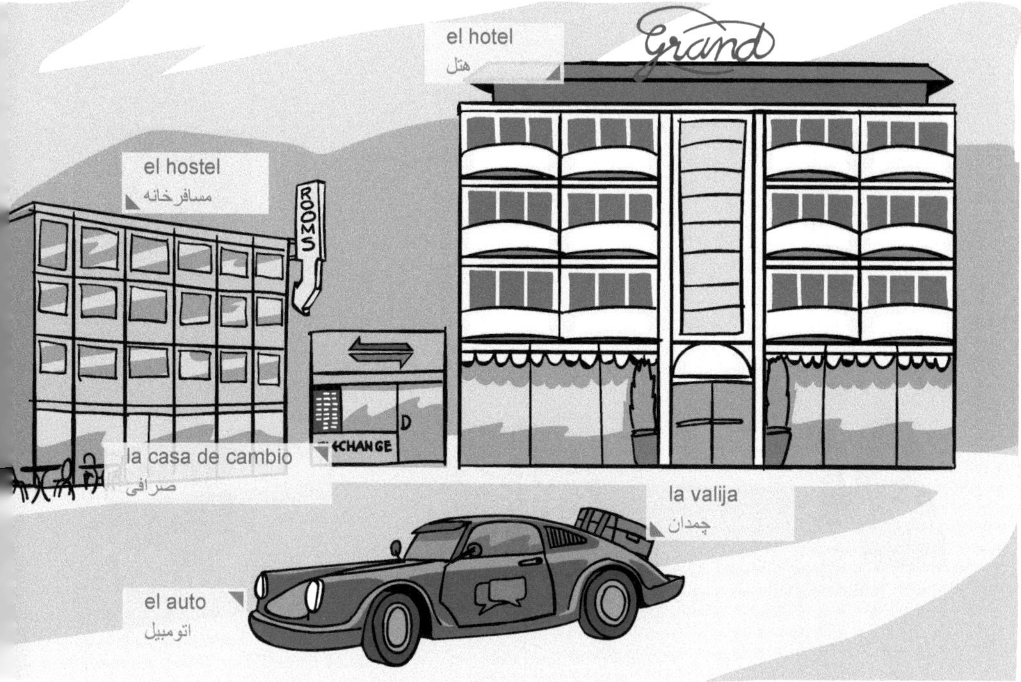

el idioma
....
زبان

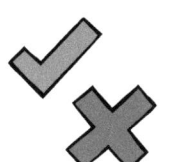

sí / no
....
بله / خیر

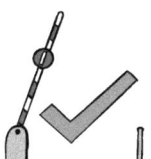

Está bien
....
اُکی

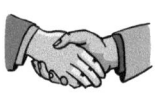

hola
....
سلام

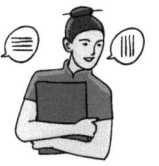

el traductor
....
مترجم

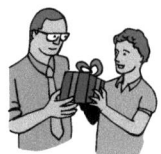

Gracias
....
ممنون

¿cuánto cuesta…?

قیمت ... چه قدر است؟

No entiendo

من متوجه نمی شوم

el problema

مشکل

¡Buenas tardes!

عصر بخیر! / شب بخیر!

¡Buenos días!

صبح بخیر!

¡Buenas noches!

شب بخیر!

el adiós

خدانگهدار

la dirección

جهت

el equipaje

بار سفر

el bolso

کیف

la mochila

کوله پشتی

el invitado

مهمان

la habitación

اتاق

la bolsa de dormir

کیسه خواب

la carpa

خیمه

la información turística

مرکز راهنمای گردشگران

la playa

ساحل

la tarjeta de crédito

کارت اعتباری

el desayuno

صبحانه

el almuerzo

نهار

la cena

شام

el pasaje

بلیط

el ascensor

آسانسور

el sello

مهر

la frontera

مرز

la aduana

گمرک

la embajada

سفارتخانه

la visa

ویزا

el pasaporte

گذرنامه

el transporte

حمل و نقل

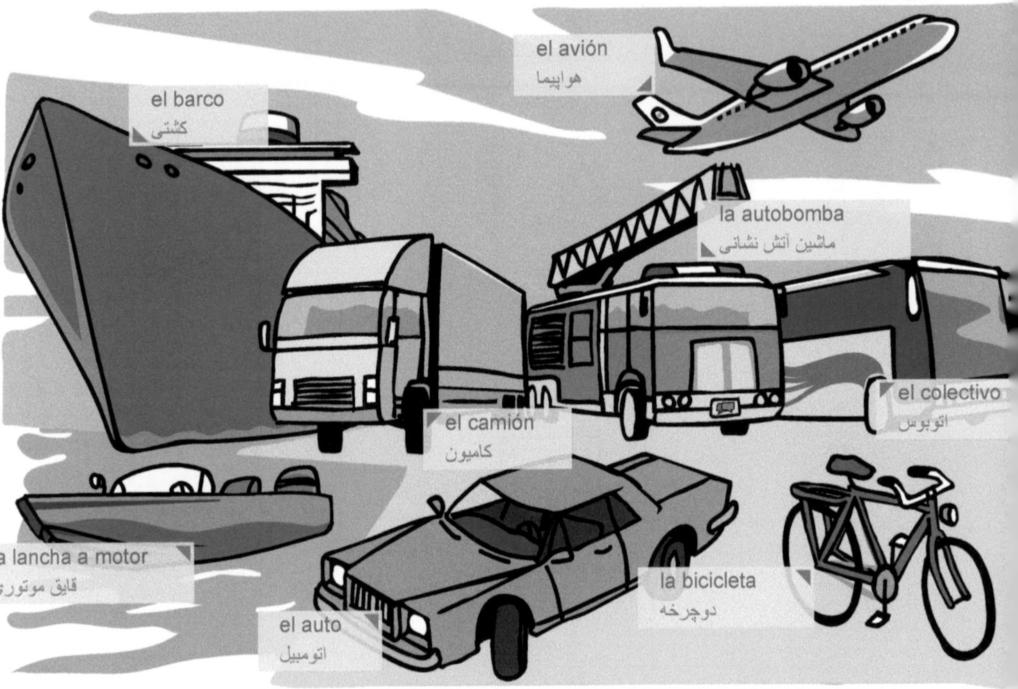

el avión
هواپیما
el barco
کشتی
la autobomba
ماشین آتش نشانی
el colectivo
اتوبوس
el camión
کامیون
la lancha a motor
قایق موتوری
la bicicleta
دوچرخه
el auto
اتومبیل

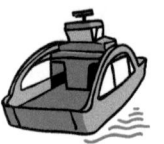

el ferry

کشتی مسافربری

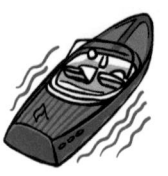

el bote

قایق

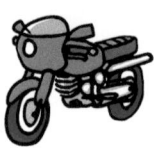

la moto

موتورسیکلت

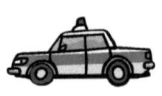

el patrullero

ماشین پلیس

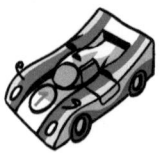

el auto de carreras

ماشین مسابقه

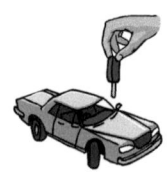

el auto de alquiler

ماشین کرایه ای

el alquiler de autos

به اشتراک گذاری اتوموبیل

la grúa

جرثقیل

el camión de la basura

ماشین حمل زباله

el motor

موتور

la nafta

بنزین

la estación de servicio

پمپ بنزین

la señal de tránsito

تابلو راهنمایی و رانندگی

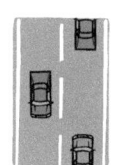

el tránsito

عبور و مرور

el embotellamiento

ترافیک

el estacionamiento

پارکینگ

la estación de tren

ایستگاه قطار

las vías

ریل راه آهن

el tren

قطار

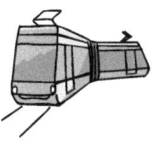

el tranvía

قطار برقی

el vagón

واگن

el helicóptero

هلیکوپتر

el aeropuerto

فرودگاه

la torre

برج

el pasajero

مسافر

el contenedor

کانتینر

la caja de cartón

کارتن

la carretilla

گاری

la canasta

سبد

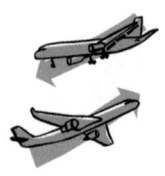

despegar / aterrizar

به پرواز درآمدن / فرود آمدن

la ciudad

شهر

el pueblo

دهکده

el centro de la ciudad

مرکز شهر

la casa

خانه

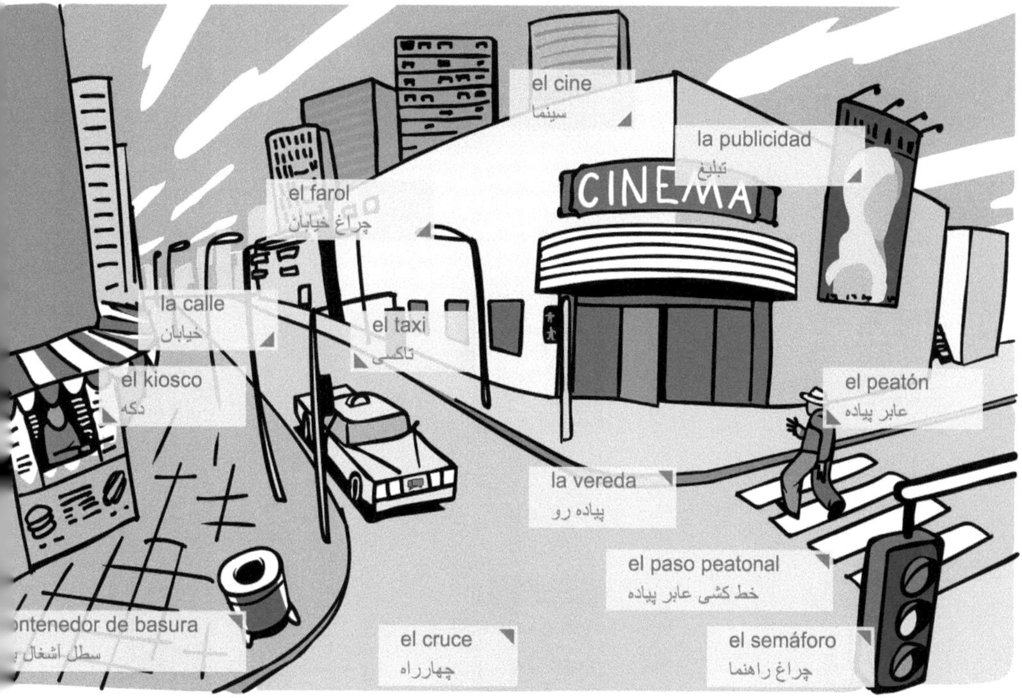

el cine
سینما

la publicidad
تبلیغ

el farol
چراغ خیابان

CINEMA

la calle
خیابان

el taxi
تاکسی

el kiosco
دکه

el peatón
عابر پیاده

la vereda
پیاده رو

el paso peatonal
خط کشی عابر پیاده

ontenedor de basura
سطل آشغال

el cruce
چهارراه

el semáforo
چراغ راهنما

la cabaña
کلبه

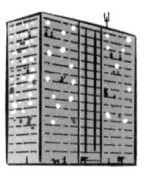

el departamento
آپارتمان

la estación de tren
ایستگاه قطار

la municipalidad
ساختمان شهرداری

el museo
موزه

el colegio
مدرسه

la universidad

دانشگاه

el banco

بانک

el hospital

بیمارستان

el hotel

هتل

la farmacia

داروخانه

la oficina

اداره

la librería

کتابفروشی

el negocio

مغازه

la florería

گل فروشی

el supermercado

سوپرمارکت

el mercado

بازار

las grandes tiendas

فروشگاه بزرگ

la pescadería

ماهی فروش

el centro comercial

مرکز خرید

el puerto

بندر

el parque

پارک

el banco

نیمکت

el puente

پل

las escaleras

پله

el subte

مترو

el túnel

تونل

la parada del colectivo

ایستگاه اتوبوس

el bar

میخانه

el restaurante

رستوران

el buzón

صندوق پست

el letrero

تابلوی خیابان

el parquímetro

دستگاه پارکومتر

el zoológico

باغ وحش

la pileta

استخر شنای عمومی

la mezquita

مسجد

la granja

مزرعه

la contaminación

آلودگی محیط زیست

el cementerio

قبرستان

la iglesia

کلیسا

los juegos infantiles

زمین بازی

el templo

معبد

el paisaje

چشم انداز

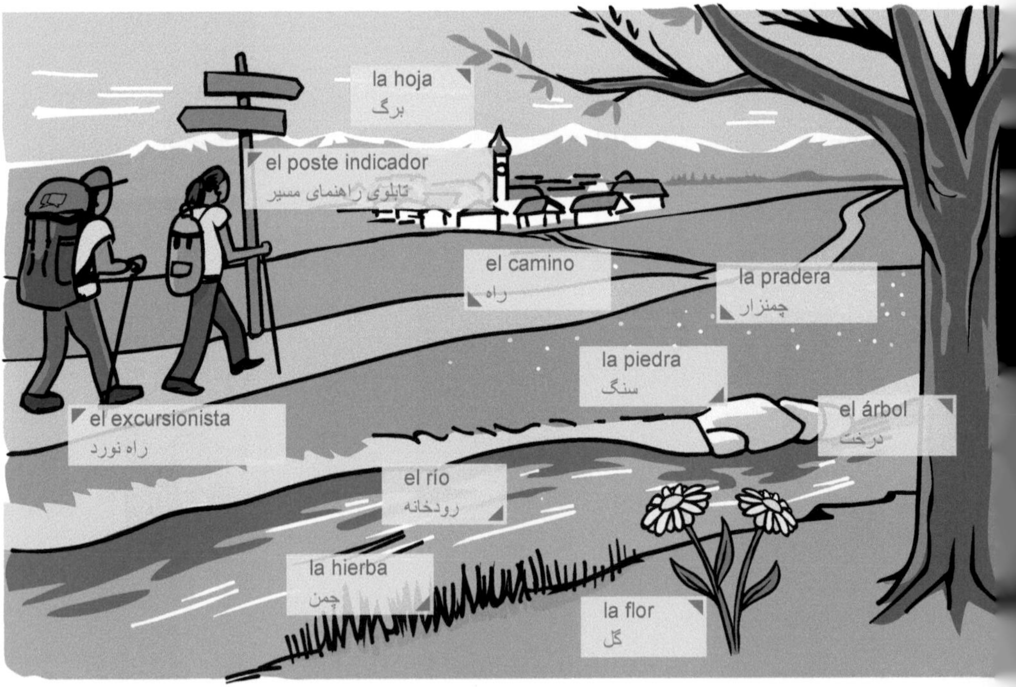

la hoja
برگ

el poste indicador
تابلوی راهنمای مسیر

el camino
راه

la pradera
چمنزار

la piedra
سنگ

el árbol
درخت

el excursionista
راه نورد

el río
رودخانه

la hierba
چمن

la flor
گل

el valle

درّه

la montaña

تپّه

el lago

دریاچه

el bosque

جنگل

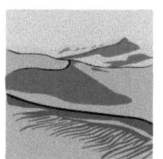

el desierto

بیابان

el volcán

کوه آتشفشان

el castillo

قلعه

el arco iris

رنگین کمان

el champiñón

قارچ

la palmera

درخت نخل

el mosquito

پشه

la mosca

مگس

la hormiga

مورچه

la abeja

زنبور

la araña

عنکبوت

el escarabajo

سوسک

la rana

قورباغه

la ardilla

سنجاب

el erizo

جوجه تیغی

la liebre

خرگوش صحرایی

la lechuza

جغد

el pájaro

پرنده

el cisne

قو

el jabalí

گراز

el ciervo

گوزن نر

el alce

گوزن شمالی

la presa

سد آب

el aerogenerador

توربین بادی

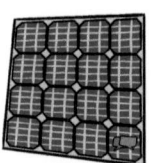

el panel solar

صفحه ی خورشیدی

el clima

آب و هوا

el restaurante

رستوران

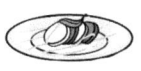

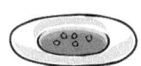

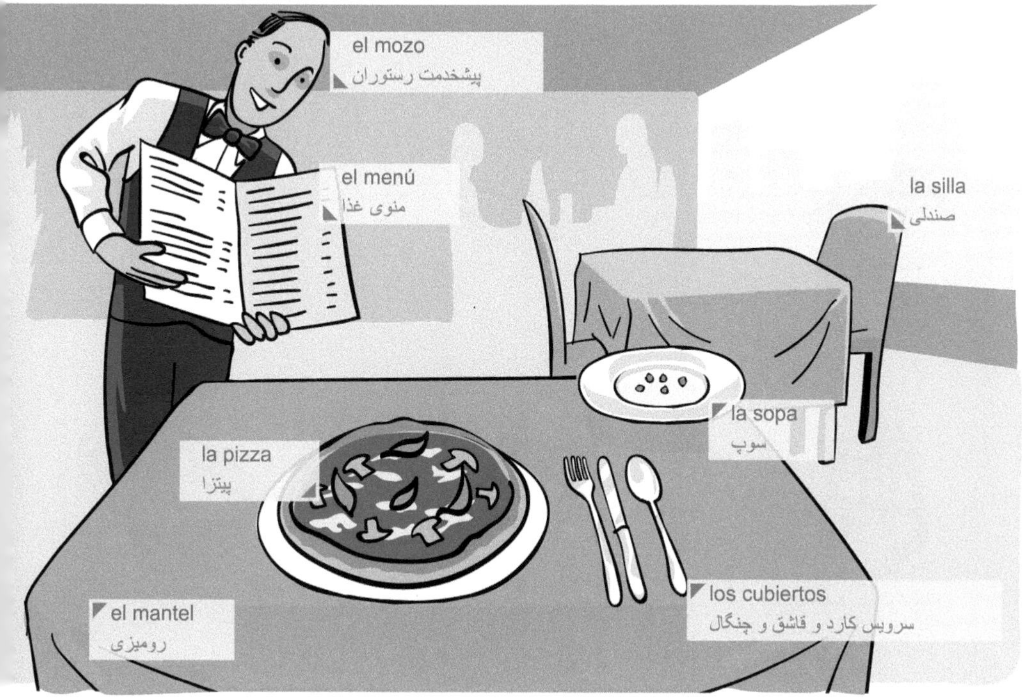

el mozo
پیشخدمت رستوران
el menú
منوی غذا
la silla
صندلی
la sopa
سوپ
la pizza
پیتزا
los cubiertos
سرویس کارد و قاشق و چنگال
el mantel
رومیزی

la entrada

پیش‌غذا

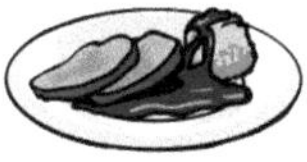

el plato principal

غذای اصلی

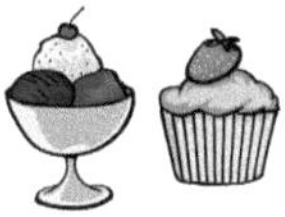

el postre

دسر

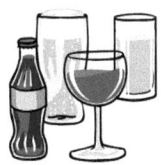

las bebidas

نوشیدنی ها

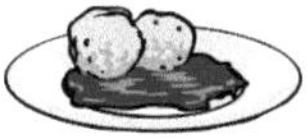

la comida

غذا

la botella

بطری

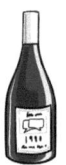

la comida rápida

فست فود

la comida callejera

اغذیه خیابانی

la tetera

قوری

la azucarera

قندان

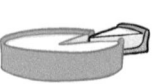

la porción

پُرس غذا

la cafetera expreso

دستگاه اسپرسو

la sillita alta

صندلی پایه بلند غذاخوری بچه

la cuenta

صورتحساب

la bandeja

سینی

el cuchillo

چاقو

el tenedor

چنگال

la cuchara

قاشق

la cucharita

قاشق چایخوری

la servilleta

دستمال سفره

el vaso

لیوان

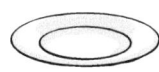

el plato

بشقاب

el plato hondo

بشقاب سوپخوری

el plato

نعلبکی

la salsa

سس

el salero

نمکدان

el molinillo de pimienta

فلفل ساب

el vinagre

سرکه

el aceite

روغن خوراکی

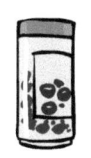

las especias

ادویه جات

el kétchup

سس کچاپ

la mostaza

سس خردل

la mayonesa

سس مایونز

el supermercado

سوپرمارکت

la oferta especial
پیشنهاد ویژه
FOR
el cliente
مشتری
los lácteos
لبنیات
la fruta
میوه جات
el changuito
چرخ دستی خرید

BUTCHERS

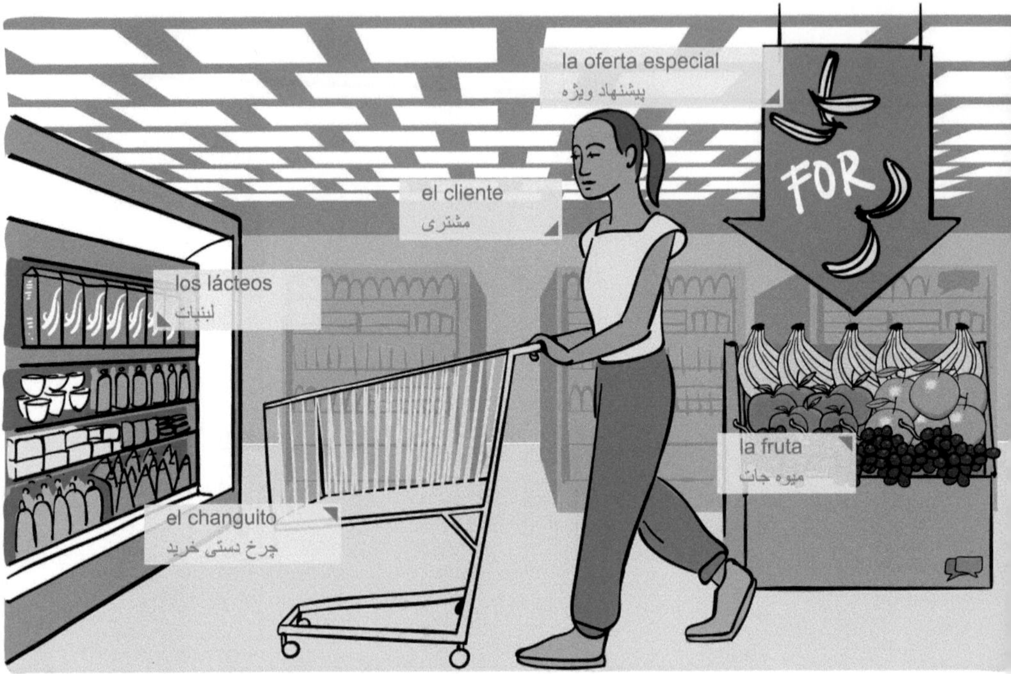

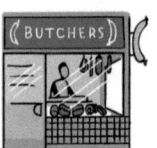

la carnicería

قصابی

BAKERY

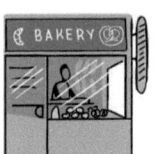

la panadería

نانوایی

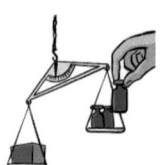

pesar

وزن کردن

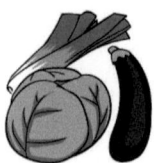

las verduras

سبزیجات

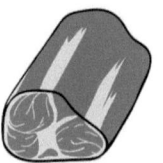

la carne

گوشت

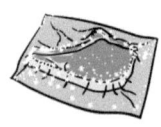

los alimentos congelados

غذای منجمد

los fiambres

مخلوطی از انواع کالباس یا پنیر که ورقه ای بریده شده باشند

los alimentos enlatados

غذای کنسروی

el detergente en polvo

پودر لباسشویی

las golosinas

شیرینی جات

los electrodomésticos

لوازم خانگی

los productos de limpieza

ماده شوینده و پاک کننده

la vendedora

فروشنده

la caja

صندوق پرداخت

el cajero

صندوقدار

la lista de compras

لیست خرید

el horario de atención

ساعات کار

la billetera

کیف پول

la tarjeta de crédito

کارت اعتباری

la cartera

کیف

la bolsa de plástico

کیسه ی پلاستیکی

el agua

آب

el jugo

آبميوه

la leche

شير

la bebida cola

نوشابه کوکاکولا

el vino

شراب

la cerveza

آبجو

el alcohol

الکل

el cacao

کاکائو

el té

چای

el café

قهوه

el café expreso

قهوه اسپرسو

el cappuccino

کاپوچینو

la banana

موز

la manzana

سیب

la naranja

پرتقال

el melón

انواع هندوانه و خربزه

el limón

لیمو

la zanahoria

هویج

el ajo

سیر

el bambú

نی بامبو

la cebolla

پیاز

el champiñón

قارچ

las nueces

آجیل

los fideos

ماکارونی

los tallarines

اسپاگتی

el arroz

برنج

la ensalada

سالاد

las papas fritas

سیب زمینی سرخ کرده

las papas fritas

سیب زمینی سرخ شده

la pizza

پیتزا

la hamburguesa

همبرگر

el sándwich

ساندویچ

el churrasco

شنیتسل

el jamón

ژامبون خوک

el salame

سالامی

la salchicha

سوسیس

el pollo

مرغ

el asado

نوعی گوشت سرخ شده

el pescado

ماهی

los copos de avena

جوی پرک شده

el muesli

نوعی صبحانه مخلوطی از برگه ذرت و میوه های خشک شده و خشکبار که معمولا با شیر خورده می شود

los copos de maíz

کورن‌فلکس

la harina

آرد

la medialuna

کرواسان

el pancito

نان بروتشن

el pan

نان

la tostada

نان تست

las galletitas

بیسکویت

la manteca

کره

la cuajada

کشک

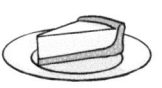

la torta

کیک

el huevo

تخم مرغ

el huevo frito

تخم مرغ نیمرو

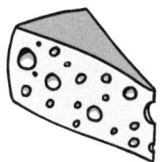

el queso

پنیر

el helado

پستنی

el azúcar

شکر

la miel

عسل

la mermelada

مربا

la pasta de chocolate

کرم شکلاتی بادامی

el curry

ادویه کاری

la granja
مزرعه

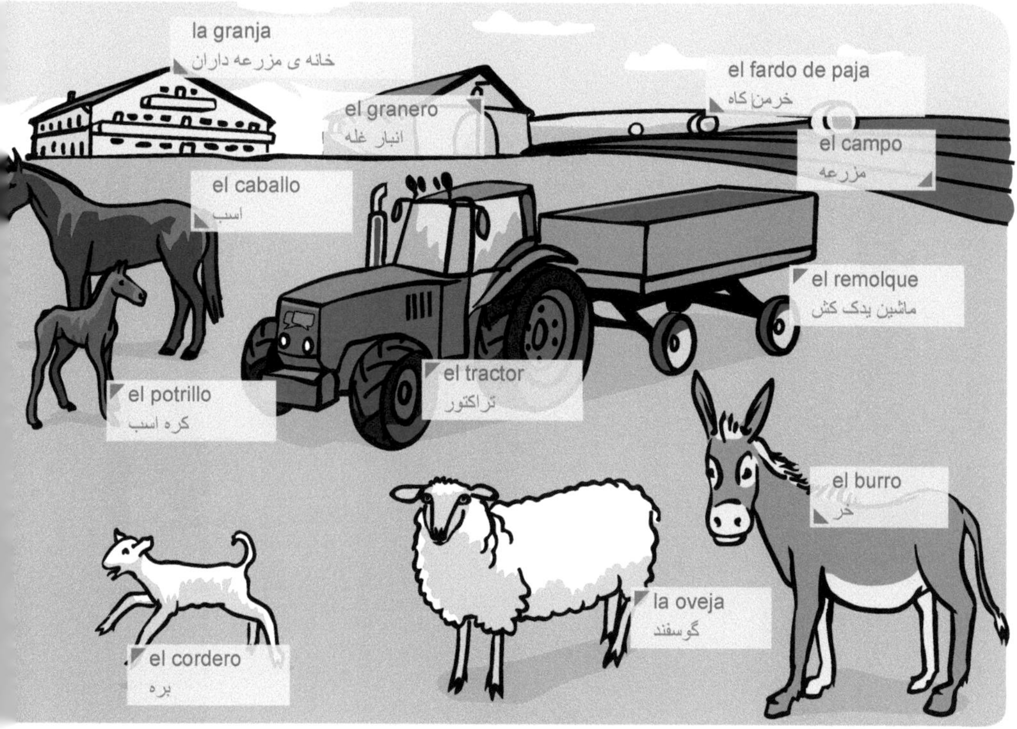

la granja
خانه ی مزرعه داران
el granero
انبار غله
el fardo de paja
خرمن گاه
el campo
مزرعه
el caballo
اسب
el remolque
ماشین یدک کش
el tractor
تراکتور
el potrillo
کره اسب
el burro
خر
la oveja
گوسفند
el cordero
بره

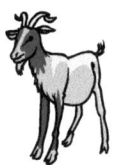

la cabra

بز

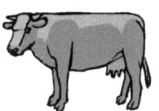

la vaca

گاو ماده

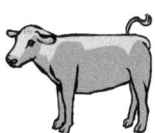

el ternero

گوساله

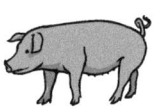

el cerdo

خوک

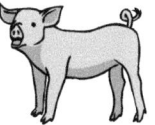

el lechón

بچه خوک

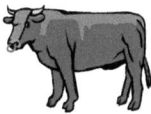

el toro

گاو نر

el ganso

غاز

el pato

اردک

el pollo

جوجه

la gallina

مرغ

el gallo

خروس

la rata

موش صحرایی

el gato

گربه

el ratón

موش

el buey

گاو نر اخته

el perro

سگ

la cucha

لانه ی سگ

la manguera

شلنگ باغبانی

la regadera

آبپاش

la guadaña

داس دسته بلند

el arado

گاوآهن

la hoz

داس

la azada

كج بيل

la horquilla

چنگک باغبانی

el hacha

تبر

la carretilla

فرقون

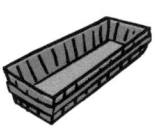

el abrevadero

آبشخور

la lechera

بطری نگهداری شیر

la bolsa

كيسه

la reja

حصار

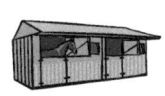

el establo

اصطبل

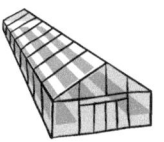

el invernadero

گلخانه

el suelo

خاک

la semilla

بذر

el fertilizador

كود

la cosechadora

ماشین کمباین

cosechar

برداشت کردن محصول

la cosecha

محصول

las batatas

تمیس

el trigo

گندم

la soja

سویا

la papa

سیب زمینی

el maíz

ذرت

la semilla de colza

کلزا

el árbol frutal

درخت میوه

la mandioca

گیاه مانیوک

los cereales

غلات

la casa

خانه

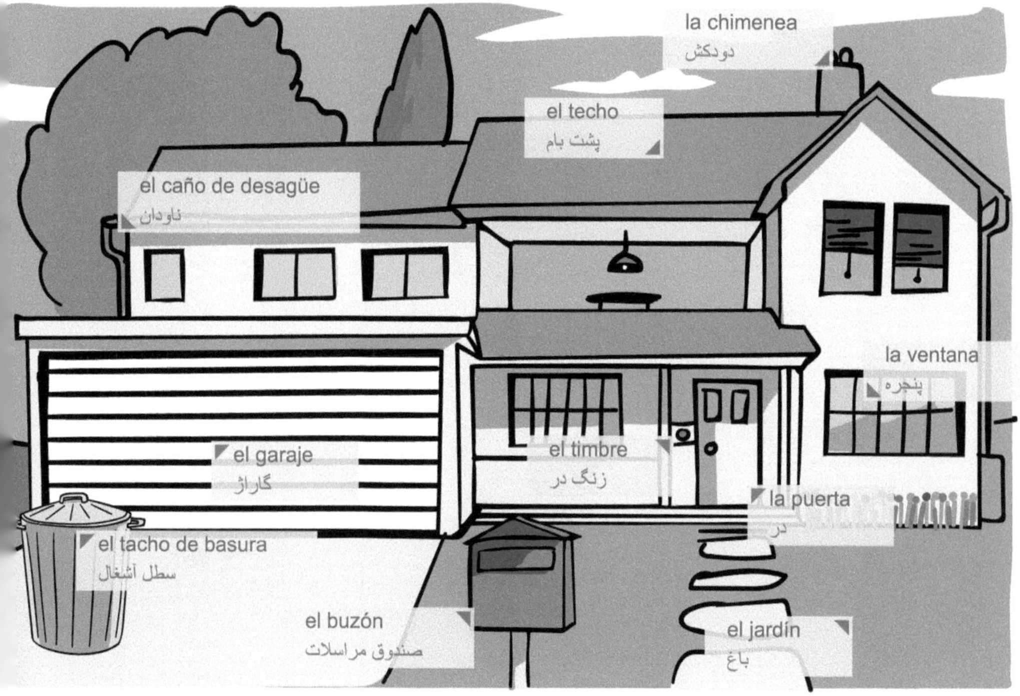

la chimenea
دودکش
el techo
پشت بام
el caño de desagüe
ناودان
la ventana
پنجره
el garaje
گاراژ
el timbre
زنگ در
la puerta
در
el tacho de basura
سطل آشغال
el buzón
صندوق مراسلات
el jardín
باغ

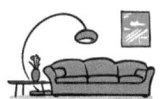

el living

اتاق نشیمن

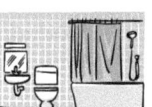

el baño

حمام

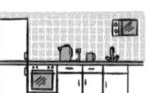

la cocina

آشپزخانه

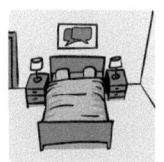

el dormitorio

اتاق خواب

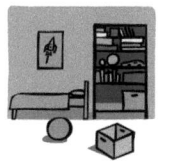

el cuarto de los chicos

اتاق بچه

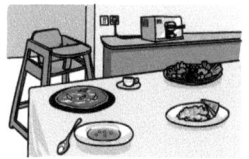

el comedor

ناهارخوری

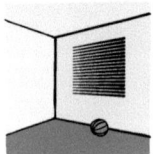

el piso

كف زمين

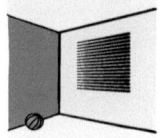

la pared

ديوار

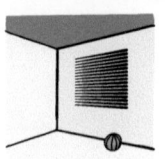

el cielorraso

سقف

el sótano

زيرزمين

el sauna

سونا

el balcón

بالكن

la terraza

تراس

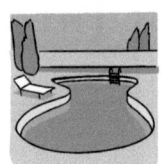

la pileta

استخر

la cortadora de pasto

ماشين چمنزنی

la sábana

ملافه

el acolchado

روتختی

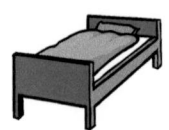

la cama

تخت خواب

la escoba

جارو

el balde

سطل

el interruptor

سويچ يا كليد

el living
اتاق نشیمن

el empapelado
کاغذ دیواری
la imagen
عکس
la lámpara
لامپ
el estante
قفسه
el armario
کابینت
la televisión
تلویزیون
la chimenea
شومینه
la flor
گل
el almohadón
کوسن
el sofá
کاناپه
el florero
گلدان
el control remoto
کنترل تلویزیون و ویدئو و غیره

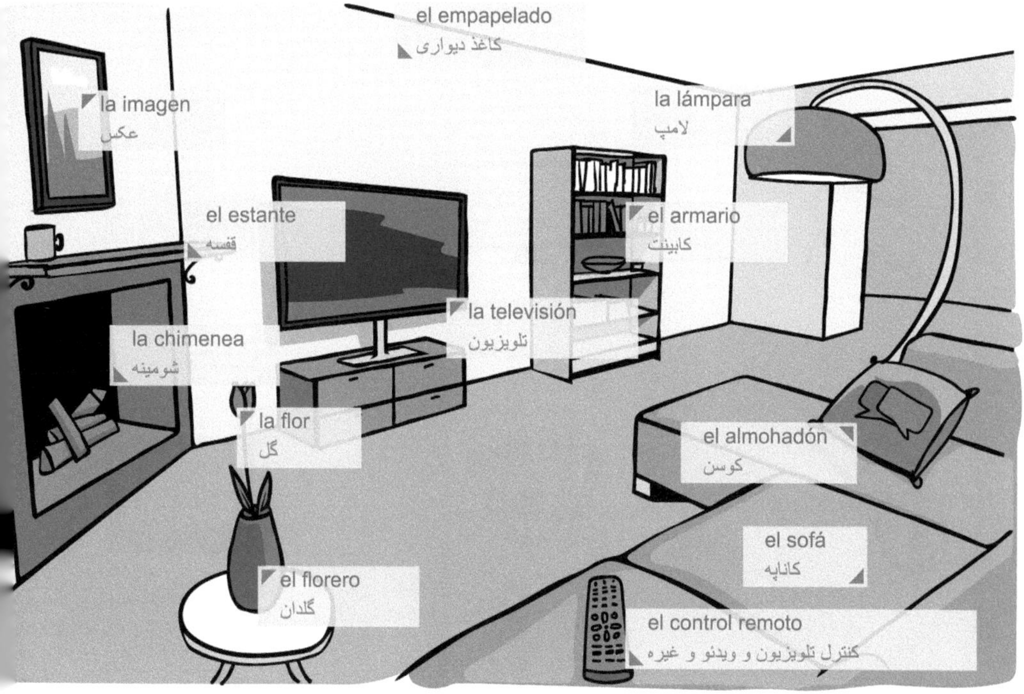

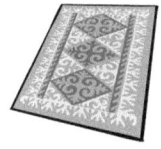

la alfombra
فرش

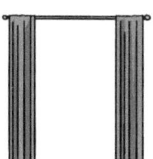

la cortina
پرده

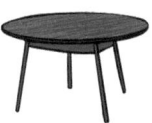

la mesa
میز

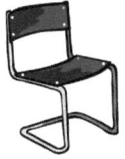

la silla
صندلی

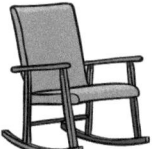

la mecedora
صندلی گهواره ایی

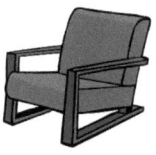

el sillón
صندلی راحتی

el libro

كتاب

la frazada

لحاف

la decoración

دكوراسيون

la leña

هيزم

la película

فيلم

el equipo de música

دستگاه ضبط صوت

la llave

كليد

el diario

روزنامه

la pintura

تابلو نقاشی

el póster

پوستر

la radio

راديو

el cuaderno

دفترچه يادداشت

la aspiradora

جاروبرقی

el cactus

كاكتوس

la vela

شمع

la cocina
آشپزخانه

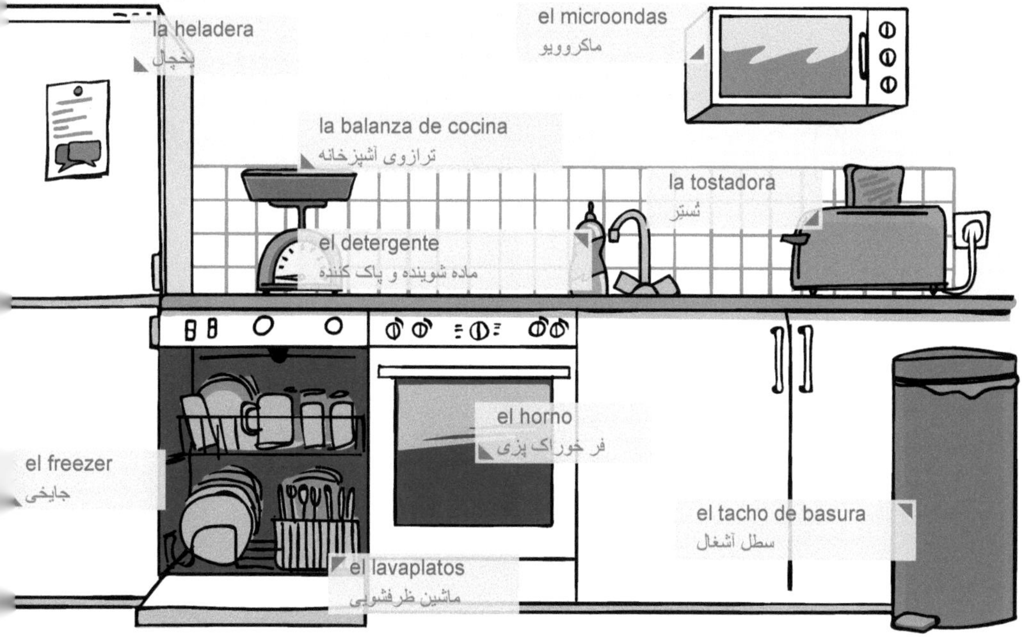

la heladera
یخچال
el microondas
ماکروویو
la balanza de cocina
ترازوی آشپزخانه
la tostadora
تُستر
el detergente
ماده شوینده و پاک کننده
el horno
فر خوراک پزی
el freezer
جایخی
el tacho de basura
سطل آشغال
el lavaplatos
ماشین ظرفشویی

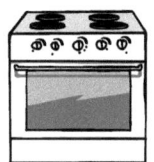

la cocina

اجاق گاز

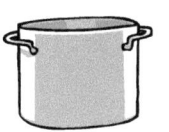

la olla

قابلمه

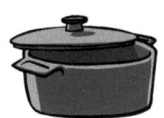

la olla de hierro fundido

قابلمه چدنی

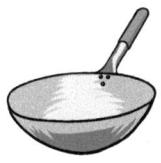

el wok

ماهی تابه گود

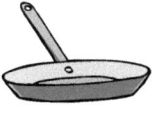

la sartén

ماهی تابه

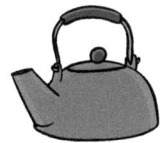

la pava

کتری

la vaporera

بخارپز

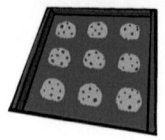

la bandeja de horno

سینی فر

la vajilla

ظرف چینی آشپزخانه

la taza

لیوان

el bol

کاسه

los palitos

چاپستیک

el cucharón

ملاقه

la espátula

کفگیر

la batidora

همزن

el colador

آبکش

el colador

آبکش

el rallador

رنده

el mortero

هاون

la parrilla

باربیکیو

la fogata

محل مخصوص افروختن آتش

la tabla de picar

تخته گوشت و سبزی

el palo de amasar

وردنه

el sacacorchos

در بطری بازکن

la lata

قوطی

el abrelatas

در قوطی بازکن

la manopla

دستگیره پارچه ای

la pileta

سینک ظرفشویی

el cepillo

برس گردگیری

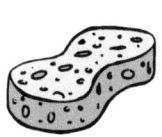

la esponja

اسفنج

la batidora

مخلوط کن

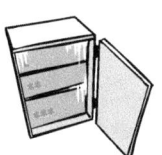

el congelador

فریزر

la mamadera

شیشه شیر بچه

la canilla

شیر آب

el baño

حمام

la calefacción
بخاری
la ducha
دوش
la toalla
حوله
la cortina de la ducha
پرده ی حمام
el baño de espuma
حمام کف
la bañadera
وان حمام
el vaso
لیوان
el lavarropas
ماشین لباسشویی
la canilla
شیر آب
las baldosas
کاشی
la pelela
لگن دستشویی کودکان
la pileta
سینک ظرفشویی

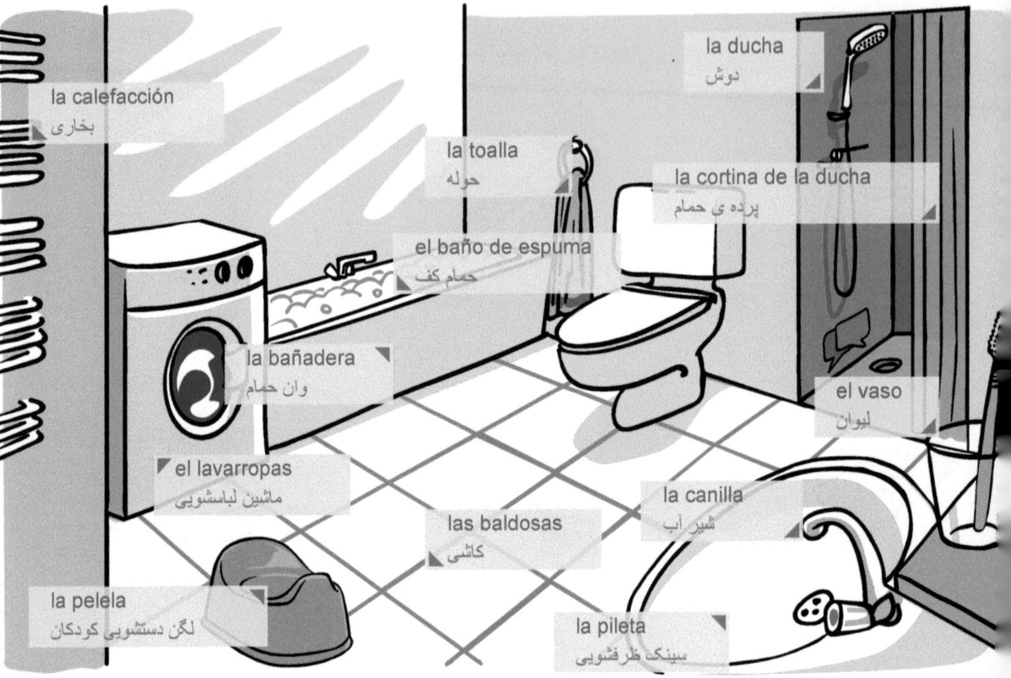

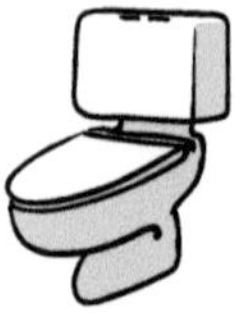

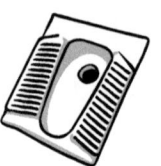

el inodoro
توالت

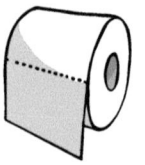

la letrina
توالت ایرانی

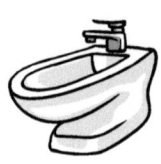

el bidé
کاسه توالت

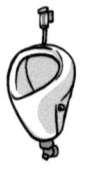

el mingitorio
توالت مخصوص آقایان

el papel higiénico
دستمال توالت

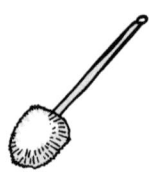

el cepillo para el inodoro
فرچه توالت

el cepillo de dientes

مسواک

el dentífrico

خمیردندان

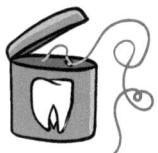

el hilo dental

نخ دندان

lavar

شستن

la ducha de mano

دوش آب تلفنی

la ducha higiénica

شلنگ توالت

la palangana

لگن روشویی

el cepillo para la espalda

برس شست و شوی پشت

el jabón

صابون

el gel de ducha

شامپو بدن

el shampoo

شامپو

la toallita

لیف حمام

el desagüe

راه آب

la crema

کرم

el desodorante

اسپری دئودورانت

el espejo

آیینه

el espejito

آیینه ی کوچک دستی

la maquinita de afeitar

تیغ ریش تراشی

la espuma de afeitar

کف ریش تراشی

el aftershave

افترشیو

el peine

شانه ی سر

el cepillo

برس

el secador de pelo

سشوار

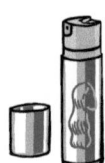

el spray

اسپری مو

el maquillaje

آرایش

el lápiz de labios

رژلب

el esmalte para uñas

لاک ناخن

el algodón

پنبه

la tijera para uñas

قیچی ناخن

el perfume

عطر

el portacosméticos

کیف لوازم آرایشی و بهداشتی

la banqueta

چهارپایه

la balanza

ترازو

la bata

حوله ی پالتویی

los guantes de goma

دستکش ظرفشویی

el tampón

تامپون

la toallita femenina

نوار بهداشتی

el baño químico

توالت سیار

el cuarto de los chicos

اتاق بچه

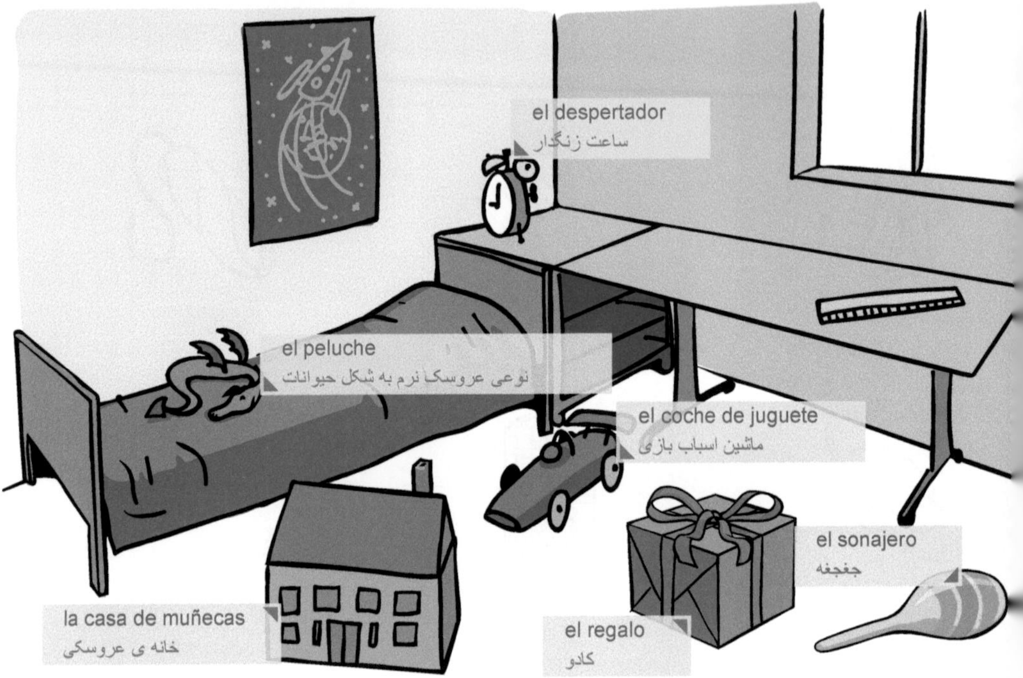

el despertador
ساعت زنگدار
el peluche
نوعی عروسک نرم به شکل حیوانات
el coche de juguete
ماشین اسباب بازی
el sonajero
جغجغه
la casa de muñecas
خانه ی عروسکی
el regalo
کادو

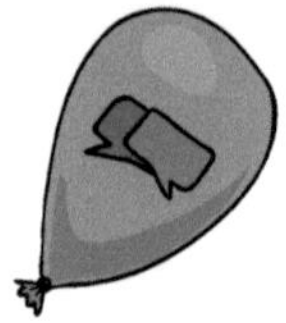

el globo
....
بادکنک

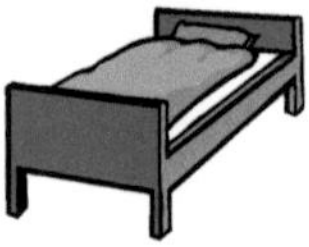

la cama
....
تخت خواب

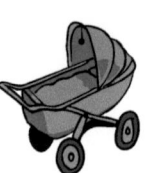

el cochecito
....
کالسکه بچه

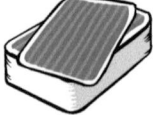

las cartas
....
بازی ورق

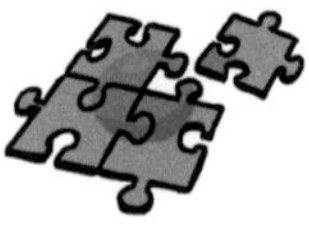

el rompecabezas
....
پازل

SUPER
MEGA

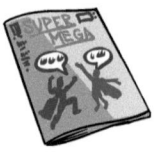

la historieta
....
داستان مصور

las piezas de lego

اسباب بازی لگو

los ladrillos de juguete

خانه سازی

la figura de acción

عروسک شخصیت های فیلم و کارتون

el enterito (de bebé)

لباس نوزاد

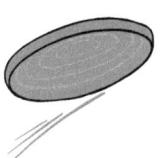

el frisbee

فریزبی

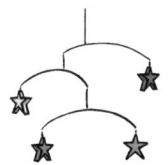

el móvil para bebés

نوعی اسباب بازی که روی تخت نوزاد
یا کودک نصب می شود

el juego de mesa

بازی روی صفحه

los dados

تاس

el tren eléctrico

قطار اسباب بازی

el chupete

پستانک

la fiesta

مهمانی

el libro de cuentos ilustrado

کتاب مصور

la pelota

توپ

la muñeca

عروسک

jugar

بازی کردن

el arenero

جعبه شنی مخصوص بازی کودکان

la hamaca

تاب

los juguetes

اسباب بازی

la consola de videojuegos

کنسول بازی های کامپیوتری

el triciclo

سه چرخه

el osito de peluche

خرس عروسکی

el armario

کمد لباس

la ropa

لباس

las medias

جوراب

las medias panty

جوراب زنانه ساق بلند

las calzas

جوراب شلواری

la bufanda
شال

el paraguas
چتر

la remera
تی شرت

el cinturón
کمربند

las botas
پوتین

las pantuflas
دمپایی

las zapatillas
کفش ورزشی کتانی

las sandalias

صندل

los zapatos

کفش

las botas de goma

چکمه پلاستیکی

la ropa interior

شرت

el corpiño

سوتین

el chaleco

جلیقه

el body

بادی

los pantalones

شلوار

los jeans

جین

la pollera

دامن

la blusa

بلوز

la camisa

پیراهن

el pulóver

پلیور

el buzo

سویی شرتم

el blazer

نوعی کت

la campera

ژاکت

el tapado

کت بلند

el piloto

بارانی

el traje

لباس نمایش

el vestido

لباس

el vestido de novia

لباس عروس

el traje

كت و شلوار

el camisón

لباس خواب زنانه

el pijama

پیژامه

el sari

ساری

el pañuelo para la cabeza

روسری

el turbante

عمامه

la burka

برقع

el caftán

قبا

la abaya

عبا

el traje de baño

لباس شنا

el short de baño

شرت شنا

los shorts

شلوارک

el jogging

لباس ورزشی

el delantal

پیشبند

los guantes

دستکش

el botón

دکمه

los anteojos

عینک

la pulsera

دستبند

el collar

گردنبند

el anillo

انگشتر

el aro

گوشواره

la gorra

کلاه لبه دار

la percha

چوب لباسی

el sombrero

کلاه

la corbata

کراوات

el cierre

زیپ

el casco

کلاه ایمنی

los tiradores

بند شلوار

el uniforme escolar

لباس مدرسه

el uniforme

لباس فرم

el babero

پیش بند بچه

el chupete

پستانک

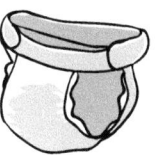

el pañal

پوشک بچه

la oficina

اداره

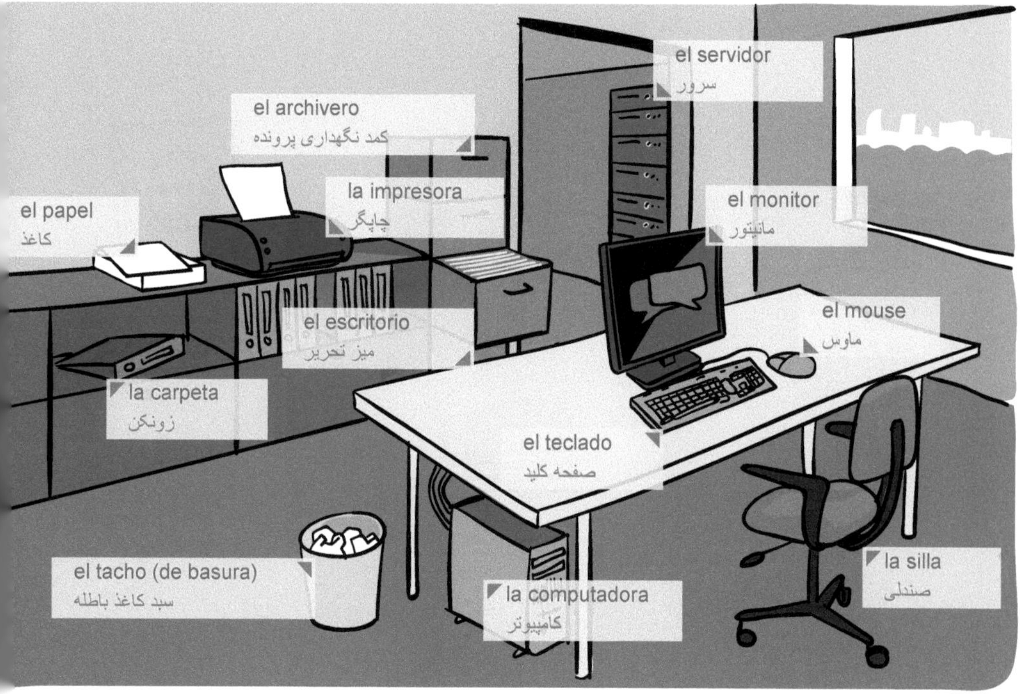

el servidor

سرور

el archivero

کمد نگهداری پرونده

la impresora

چاپگر

el papel

کاغذ

el monitor

مانیتور

el escritorio

میز تحریر

el mouse

ماوس

la carpeta

زونکن

el teclado

صفحه کلید

el tacho (de basura)

سبد کاغذ باطله

la silla

صندلی

la computadora

کامپیوتر

la taza de café

لیوان قهوه

la calculadora

ماشین حساب

el internet

اینترنت

la laptop

لپ تاپ

la carta

نامه

el mensaje

پیغام

el celular

تلفن همراه

la red

شبکه ی ارتباطی

la fotocopiadora

دستگاه فتوکپی

el software

نرم افزار

el teléfono

تلفن

el tomacorriente

پریز

el fax

دستگاه فاکس

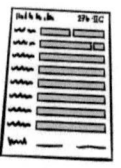

el formulario

فرم

el documento

مدرک

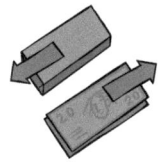

comprar

خریدن

pagar

پرداخت کردن

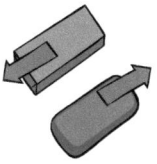

hacer negocios

تجارت کردن

el dinero

پول

el dólar

دلار

el euro

یورو

el yen

ین

el rublo

روبل

el franco suizo

فرانک سوئیس

el yuan

یوان رنمینبی

la rupia

روپیه

el cajero automático

دستگاه خودپرداز

la casa de cambio

صرافى

el oro

طلا

la plata

نقره

el petróleo

نفت

la energía

انرژى

el precio

قيمت

el contrato

قرارداد

el impuesto

ماليات

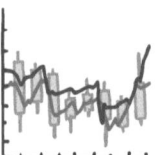

la acción

سهام سرمايه

trabajar

كار كردن

el empleado

كارمند

el empleador

كارفرما

la fábrica

كارخانه

el negocio

مغازه

las ocupaciones
مشاغل

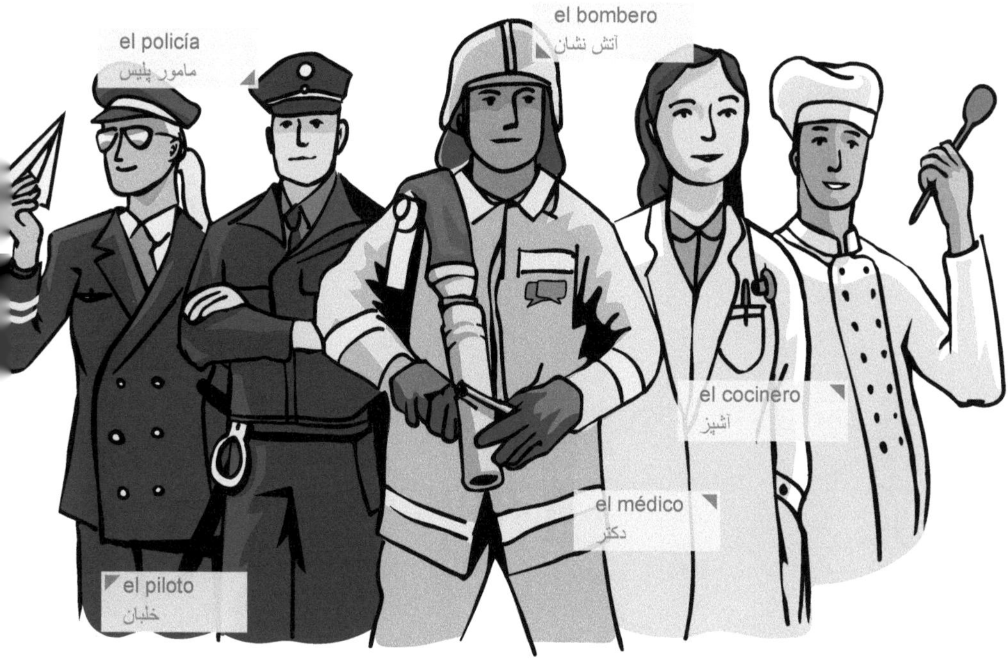
el policía
مامور پلیس
el bombero
آتش نشان
el cocinero
آشپز
el médico
دکتر
el piloto
خلبان

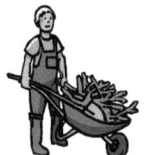

el jardinero

باغبان

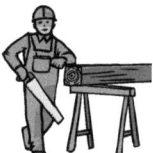

el carpintero

نجار

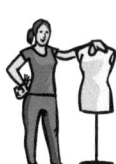

la modista

خیاط زنانه

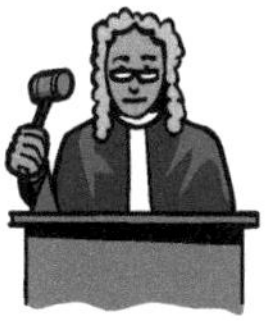

el juez

قاضی

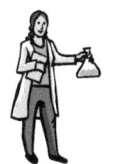

el farmacéutico

شیمیدان

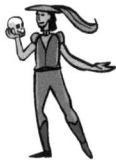

el actor

بازیگر

el colectivero

راننده اتوبوس

el taxista

راننده تاکسی

el pescador

ماهیگیر

la mucama

نظافتچی زن

el techista

سقف ساز

el mozo

پیشخدمت رستوران

el cazador

شکارچی

el pintor

نقاش

el panadero

نانوا

el electricista

برقکار

el albañil

کارگر ساختمانی

el ingeniero

مهندس

el carnicero

قصاب

el plomero

لوله کش

el cartero

پستچی

el soldado

سرباز

el arquitecto

معمار

el cajero

صندوقدار

el florista

گل فروش

el peluquero

آرایشگر

el cobrador

مامور کنترل بلیط در قطار

el mecánico

مکانیک

el capitán

ناخدا

el dentista

دندانپزشک

el científico

دانشمند

el rabino

عالم یهودی

el imán

امام

el monje

راهب

el sacerdote

کشیش

las herramientas

ابزارآلات

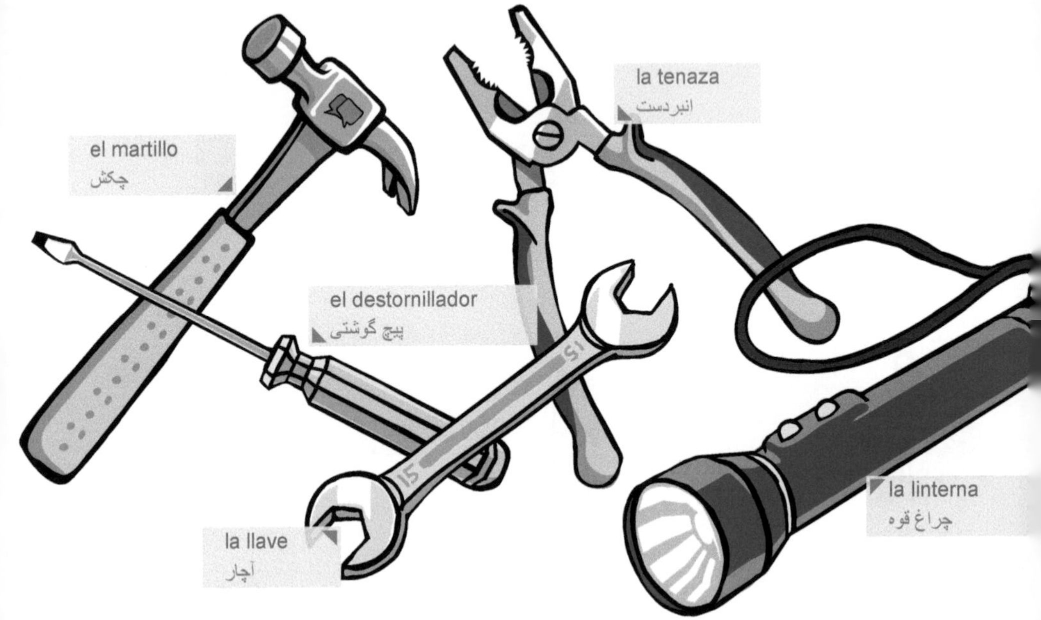

la tenaza
انبردست
el martillo
چکش
el destornillador
پیچ گوشتی
la linterna
چراغ قوه
la llave
آچار

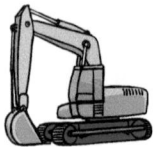

la excavadora

بیل مکانیکی

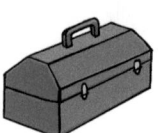

la caja de herramientas

جعبه ابزار

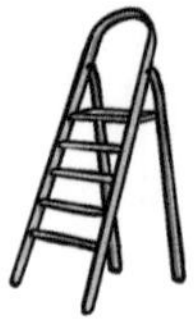

la escalera portátil

نردبان

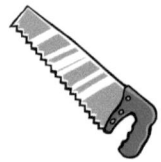

la sierra

ارّه

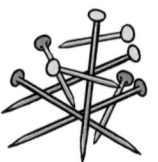

los clavos

میخ

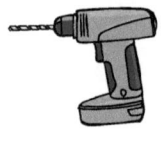

el taladro

مته

arreglar

تعمیر کردن

la pala de jardín

بیل

¡Qué bronca!

لعنتی!

la pala de plástico

خاک انداز

el tacho de pintura

سطل رنگرزی

los tornillos

پیچ

los instrumentos musicales

آلات موسیقی

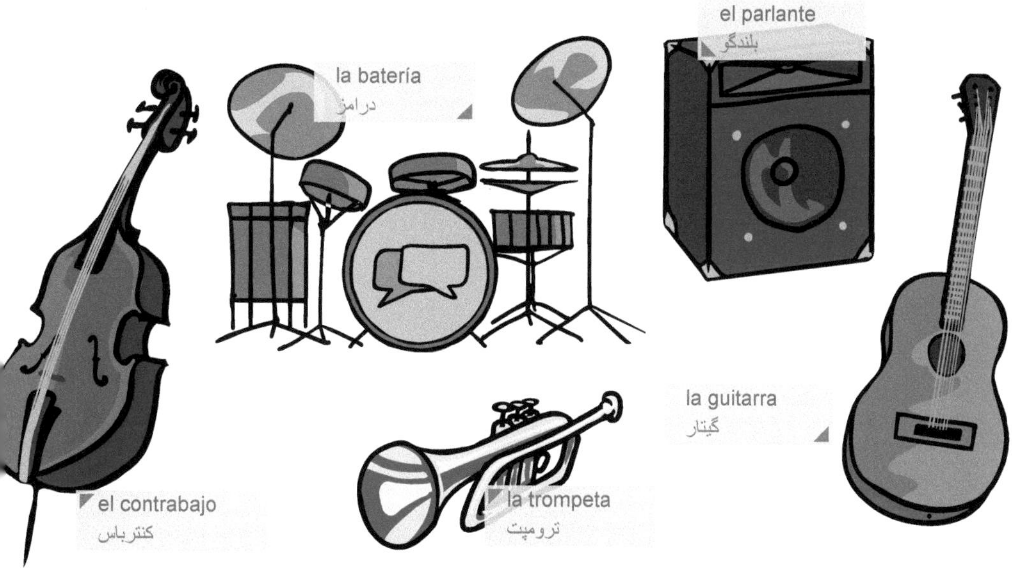

la batería

درامز

el parlante

بلندگو

la guitarra

گیتار

el contrabajo

کنترباس

la trompeta

ترومپت

el piano

پیانو

el violín

ویولن

el bajo

گیتار بیس

los timbales

تیمپانی

el tambor

طبل

el teclado

کیبورد الکتریک

el saxofón

ساکسیفون

la flauta

فلوت

el micrófono

میکروفون

el zoológico

باغ وحش

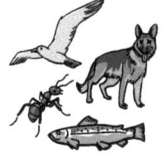

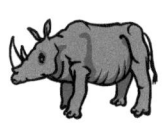

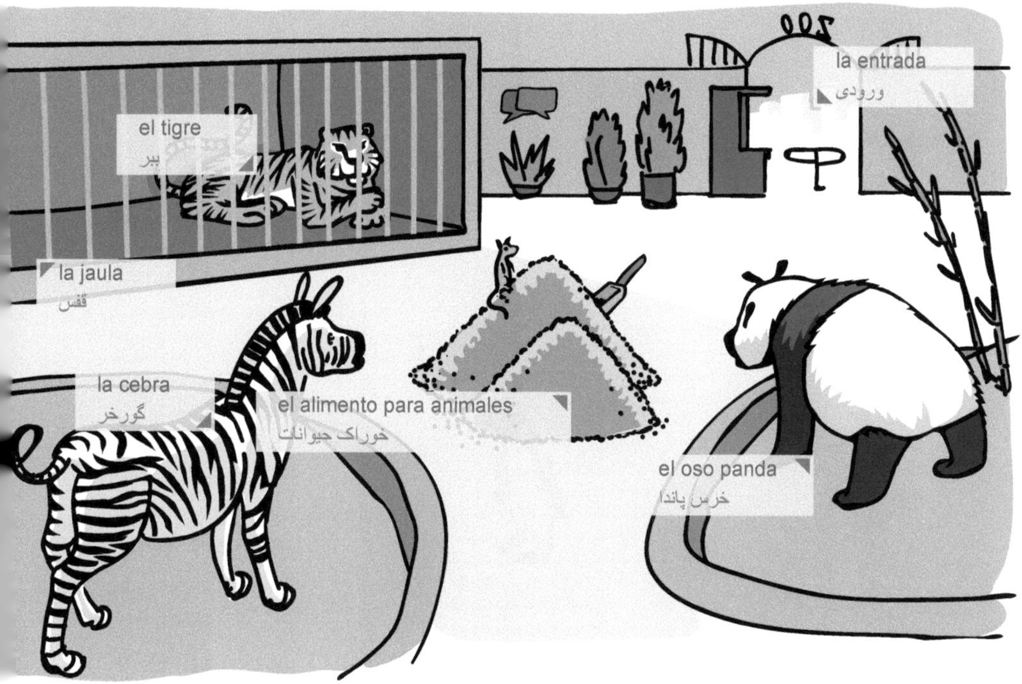
la entrada
ورودی
el tigre
ببر
la jaula
قفس
la cebra
گورخر
el alimento para animales
خوراک حیوانات
el oso panda
خرس پاندا

los animales

....

حیوانات

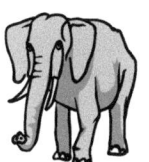

el elefante

....

فیل

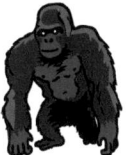

el canguro

....

کانگورو

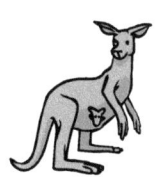

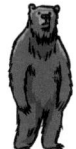

el rinoceronte

....

کرگدن

el gorila

....

گوریل

el oso

....

خرس

el camello

شتر

el avestruz

شترمرغ

el león

شیر

el mono

میمون

el flamenco

فلامینگو

el loro

طوطی

el oso polar

خرس قطبی

el pingüino

پنگوئن

el tiburón

کوسه

el pavo real

طاووس

la serpiente

مار

el cocodrilo

تمساح

el cuidador del zoológico

نگهبان باغ وحش

la foca

خوک آبی

el jaguar

پلنگ امریکایی

el poni

اسب کوچک

el leopardo

پلنگ

el hipopótamo

اسب آبی

la jirafa

زرافه

el águila

عقاب

el jabalí

گراز

el pescado

ماهی

la tortuga

لاک پشت

la morsa

شیرماهی

el zorro

روباه

la gacela

غزال

el fútbol americano
فوتبال آمریکایی

el ciclismo
دوچرخه سواری

el tenis
تنیس

el básquet
بسکتبال

la natación
شنا

el boxeo
بوکس

el hockey sobre hielo
هاکی روی یخ

el fútbol
فوتبال

el bádminton
بدمینتون

el atletismo
دوومیدانی

el handball
هندبال

el esquí
اسکی

el polo
پولو

las actividades
فعالیت ها

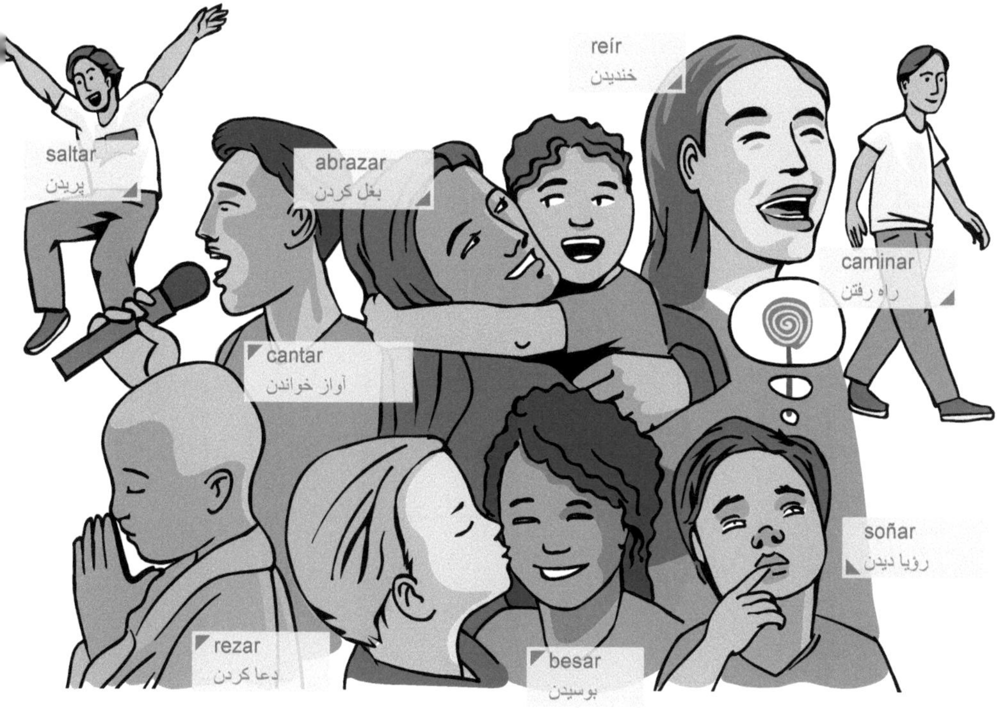

reír
خندیدن
saltar
پریدن
abrazar
بغل کردن
caminar
راه رفتن
cantar
آواز خواندن
soñar
رؤیا دیدن
rezar
دعا کردن
besar
بوسیدن

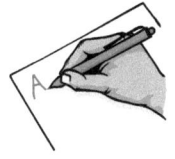

escribir
....
نوشتن

dibujar
....
رسم کردن

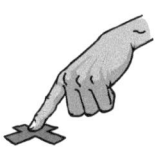

mostrar
....
نشان دادن

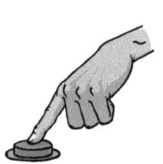

presionar
....
هل دادن

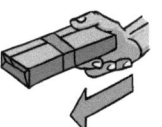

dar
....
دادن

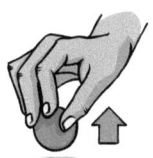

tomar
....
برداشتن

tener

داشتن

hacer

انجام دادن

ser

بودن

estar parado

ایستادن

correr

دویدن

tirar

کشیدن

tirar

پرتاب کردن

caer

افتادن

estar acostado

دراز کشیدن

esperar

منتظر بودن

llevar

حمل کردن

estar sentado

نشستن

vestirse

لباس پوشیدن

dormir

خوابیدن

despertar

بیدار شدن

mirar

تماشا کردن

llorar

گریه کردن

acariciar

نوازش کردن

peinar

شانه کردن

hablar

حرف زدن

entender

فهمیدن

preguntar

پرسیدن

escuchar

شنیدن

beber

آشامیدن

comer

خوردن

ordenar

مرتب کردن

amar

عاشق بودن

cocinar

پختن

manejar

رانندگی کردن

volar

پرواز کردن

navegar

قایقرانی کردن

calcular

محاسبه کردن

leer

خواندن

aprender

یاد گرفتن

trabajar

کار کردن

casarse

ازدواج کردن

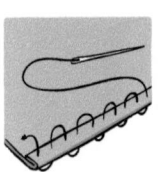

coser

دوختن

cepillarse los dientes

مسواک زدن

matar

کشتن

fumar

سیگار کشیدن

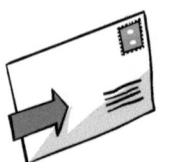

enviar

فرستادن

la familia

خانواده

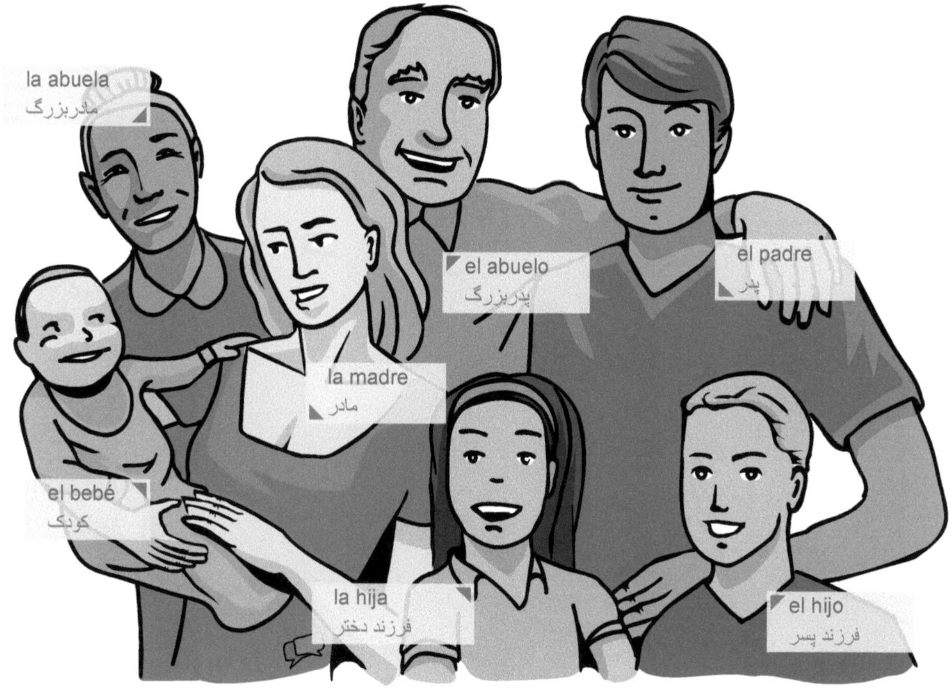
la abuela
مادربزرگ
el abuelo
پدربزرگ
el padre
پدر
la madre
مادر
el bebé
کودک
la hija
فرزند دختر
el hijo
فرزند پسر

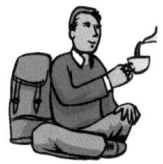

el invitado
....
مهمان

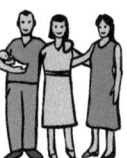

la tía
....
خاله، عمه

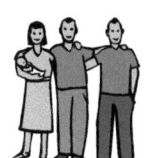

el tío
....
دایی، عمو

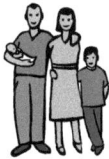

el hermano
....
برادر

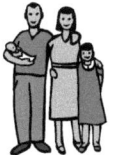

la hermana
....
خواهر

el cuerpo

بدن

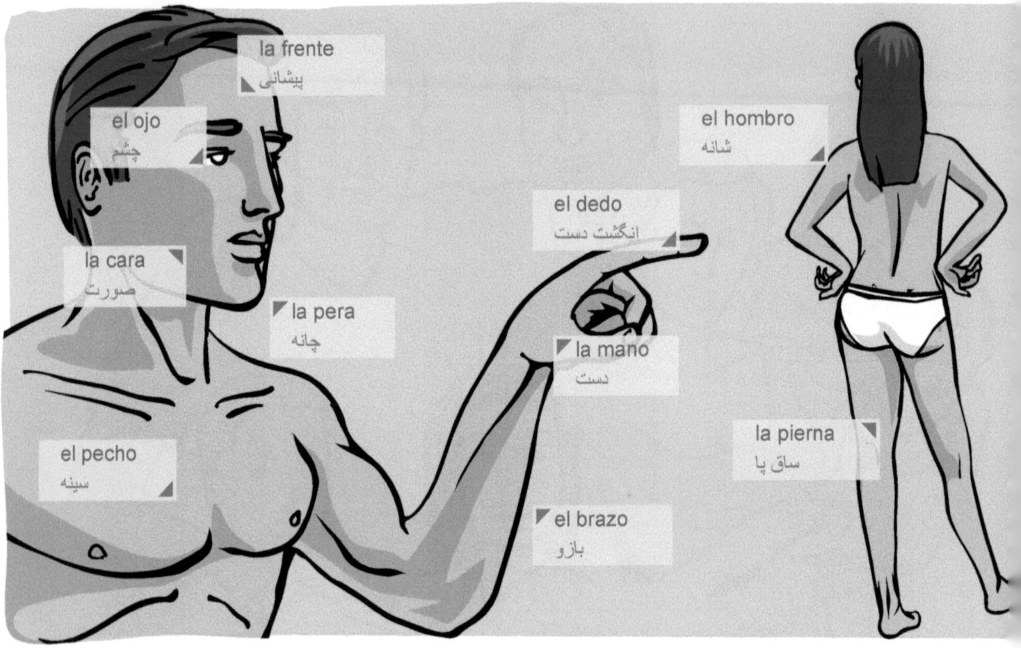

la frente
پیشانی
el ojo
چشم
el hombro
شانه
el dedo
انگشت دست
la cara
صورت
la pera
چانه
la mano
دست
la pierna
ساق پا
el pecho
سینه
el brazo
بازو

el bebé

کودک

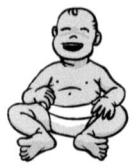

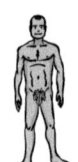

el hombre

مرد

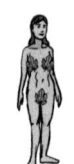

la mujer

زن

la nena

دختربچه

el nene

پسربچه

la cabeza

کله

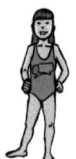

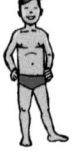

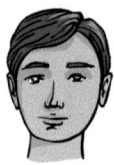

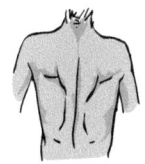

la espalda

كمر

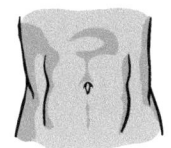

la panza

شكم

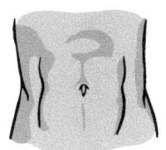

el ombligo

ناف

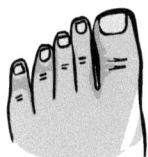

el dedo del pie

انگشت پا

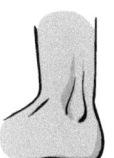

el talón

پاشنه

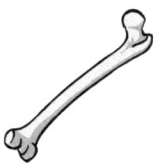

el hueso

استخوان

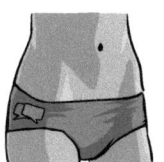

la cadera

لگن

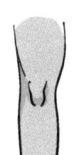

la rodilla

زانو

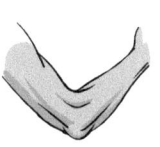

el codo

آرنج

la nariz

بینی

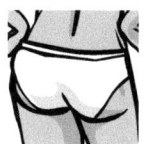

la cola

نشیمنگاه

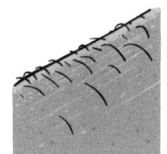

la piel

پوست

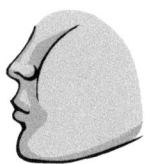

el cachete

گونه

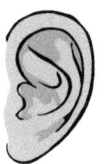

la oreja

گوش

el labio

لب

la boca

دهان

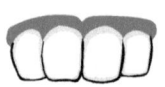

el diente

دندان

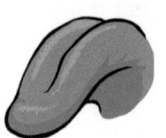

la lengua

زبان

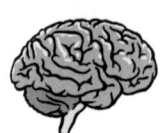

el cerebro

مغز

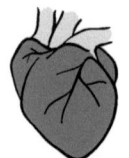

el corazón

قلب

el músculo

عضله

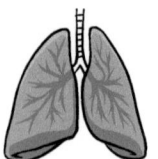

el pulmón

ریه

el hígado

کبد

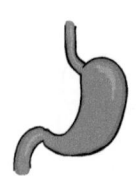

el estómago

معده

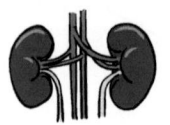

los riñones

کلیه

el sexo

آميزش جنسی

el preservativo

کاندوم

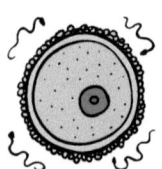

el óvulo

تخمک

el semen

اسپرم

el embarazo

حاملگی

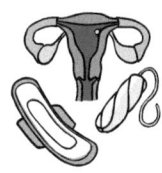

la menstruación

پريود

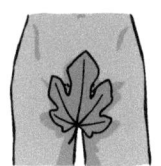

la vagina

واژن

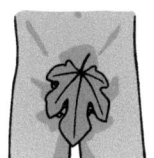

el pene

آلت تناسلی مرد

la ceja

ابرو

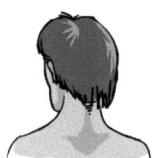

el pelo

مو

el cuello

گردن

el hospital
بیمارستان

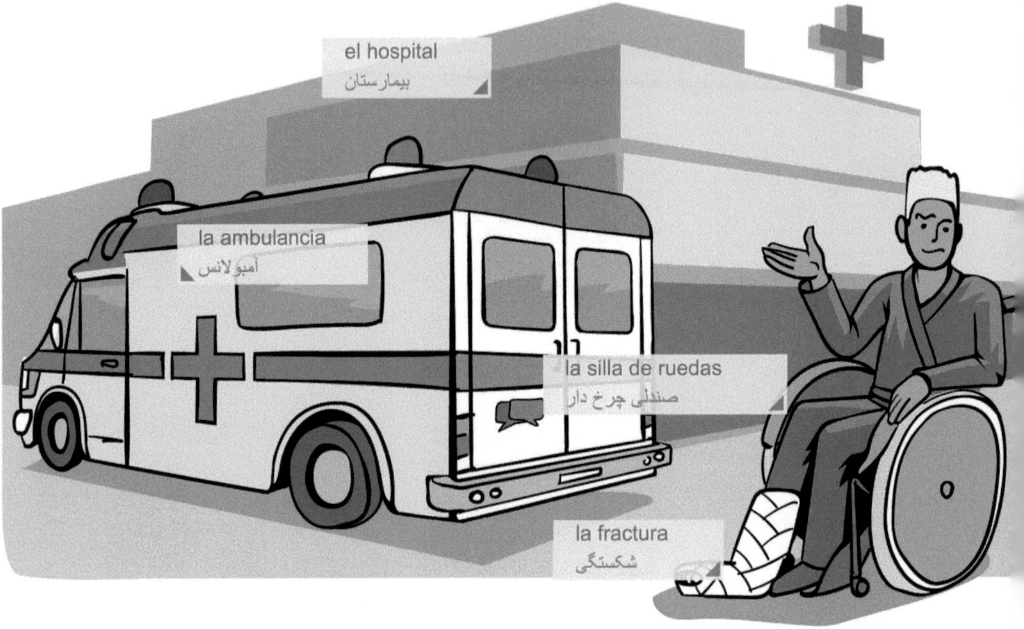

el hospital
بیمارستان
la ambulancia
آمبولانس
la silla de ruedas
صندلی چرخ دار
la fractura
شکستگی

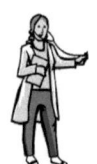

el médico
....
دکتر

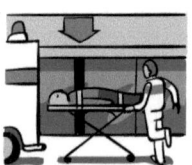

la sala de guardia
....
بخش اورژانس

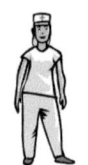

la enfermera
....
پرستار

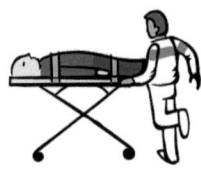

la emergencia
....
موقعیت اضطراری

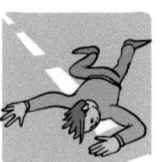

inconsciente
....
بی هوش

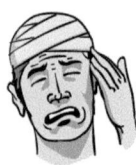

el dolor
....
درد

la lesión

مصدومیت

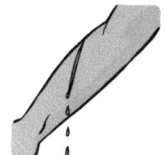

la hemorragia

خونریزی

el infarto

سکته قلبی

el ACV

سکته مغزی

la alergia

آلرژی

la tos

سرفه

la fiebre

تب

la gripe

آنفولانزا

la diarrea

اسهال

el dolor de cabeza

سردرد

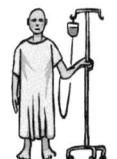

el cáncer

سرطان

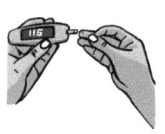

la diabetes

دیابت

el cirujano

جراح

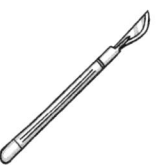

el bisturí

چاقوی جراحی

la operación

عمل جراحی

la TC

سی تی اسکن

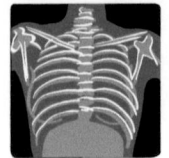

los rayos x

پرتونگاری

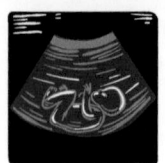

la ecografía

سونوگرافی

el barbijo

ماسک صورت

la enfermedad

بیماری

la sala de espera

اتاق انتظار

la muleta

چوب زیر بغل

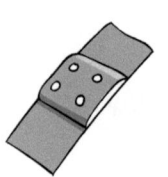

la curita

چسب زخم

la venda

پانسمان

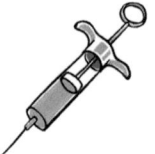

la inyección

تزریق

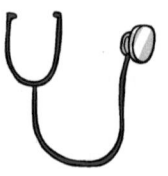

el estetoscopio

گوشی طبی

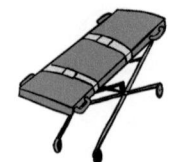

la camilla

برانکار

el termómetro

دماسنج

el nacimiento

زایش

el sobrepeso

اضافه وزن

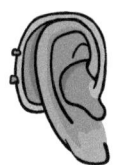

el audífono

سمعک

el desinfectante

ماده ضد غفونی کننده

la infección

عفونت

el virus

ویروس

el VIH / SIDA

اچ أی وی / ایدز

el remedio

دارو

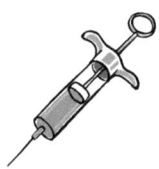

la vacunación

واکسیناسیون

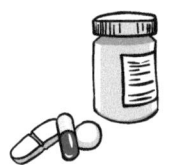

los comprimidos

قرص

la pastilla anticonceptiva

قرص ضد حاملگی

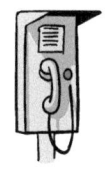

llamada de emergencia

تماس اظطراری

el tensiómetro

دستگاه اندازه گیری فشارخون

enfermo / sano

مریض / سالم

¡Ayuda!

کمک!

la alarma

آژیر خطر

la agresión

حمله

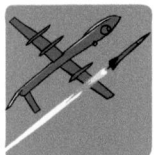

el ataque

حمله ی فیزیکی

el peligro

خطر

la salida de emergencia

خروج اظطراری

¡Fuego!

آتش

el matafuego

کپسول آتش‌نشانی

el accidente

تصادف

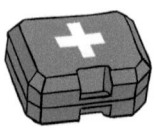

el botiquín de primeros
auxilios

جعبه کمک های اولیه

el SOS

درخواست کمک

la policía

پلیس

Europa

اروپا

América del Norte

آمریکای شمالی

América del Sur

آمریکای جنوبی

África

أفريقا

Asia

آسیا

Australia

استرالیا

el Atlántico

اقیا نوس اطلس

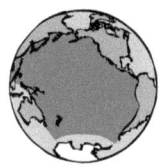

el Pacífico

اقیانوس آرام

el Océano Índico

اقیانوس هند

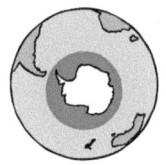

el Océano Antártico

اقیا نوس اطلس جنوبی

el Océano Ártico

اقیانوس منجمد شمالی

el polo norte

قطب شمال

el polo sur

قطب جنوب

la Antártida

قاره قطب جنوب

la Tierra

كره زمين

la tierra

سرزمين

el mar

دريا

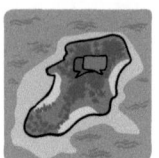

la isla

جزيره

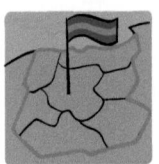

la nación

ملت

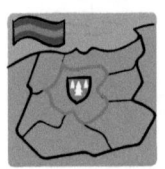

el estado

كشور

la esfera

صفحه ی ساعت

la manecilla de las horas

ساعت شمار

el minutero

دقیقه شمار

el segundero

ثانیه شمار

¿Qué hora es?

ساعت چند است؟

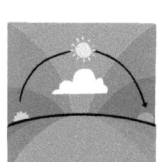

el día

روز

la hora

زمان

ahora

اکنون

el reloj digital

ساعت دیجیتال

el minuto

دقیقه

la hora

ساعت

la semana

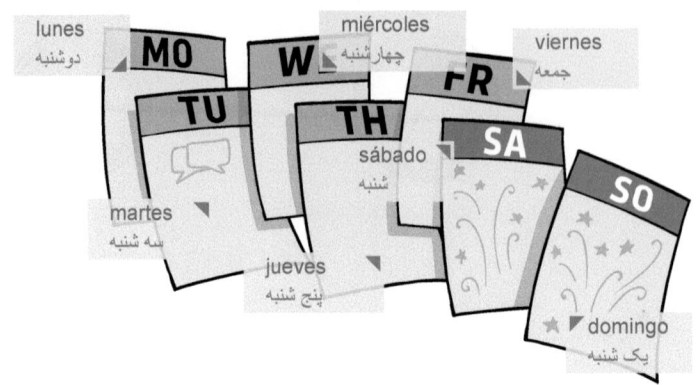

lunes
دوشنبه

miércoles
چهارشنبه

viernes
جمعه

martes
سه شنبه

jueves
پنج شنبه

sábado
شنبه

domingo
یک شنبه

ayer
....
دیروز

hoy
....
امروز

mañana
....
فردا

la mañana
....
صبح

el mediodía
....
ظهر

la tarde
....
غروب

los días hábiles
....
روزهای کاری

el fin de semana
....
آخر هفته

el año

سال

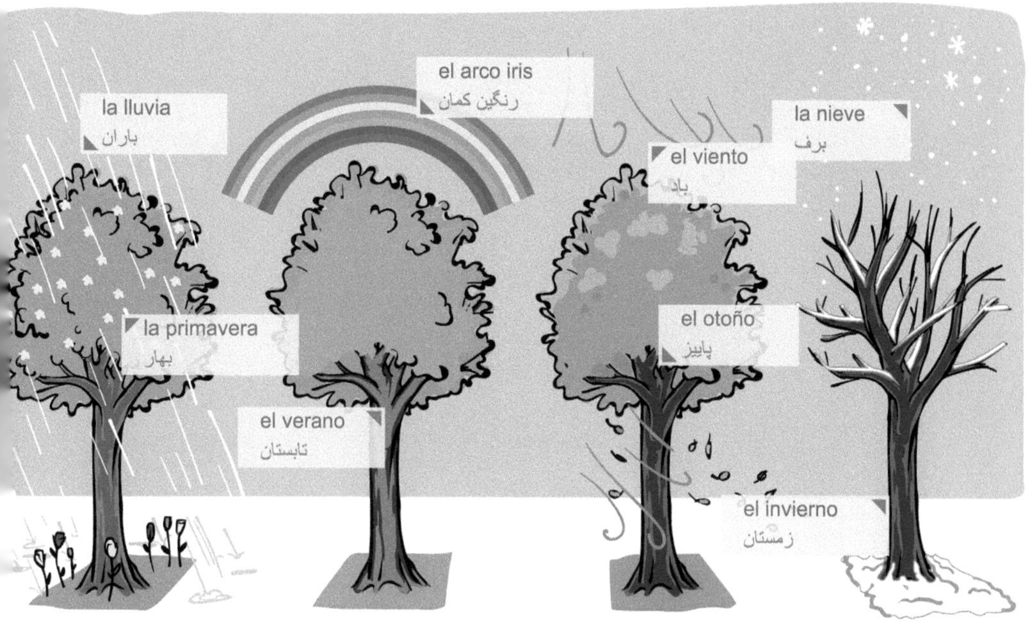

el arco iris
رنگین کمان
la lluvia
باران
la nieve
برف
el viento
باد
la primavera
بهار
el otoño
پاییز
el verano
تابستان
el invierno
زمستان

4.APRIL 11°
5.APRIL 4°
6.APRIL 13°
7.APRIL 8°
8.APRIL 10°

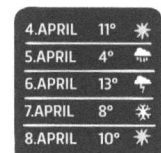

pronóstico meteorológico

پیش‌بینی اوضاع جوی

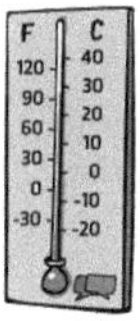

F
C
120
90
60
30
0
-30
40
30
20
10
0
-10
-20

el termómetro

دماسنج

la luz del sol

تابش آفتاب

la nube

ابر

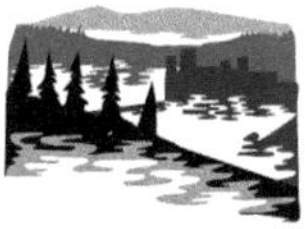

la niebla

مه

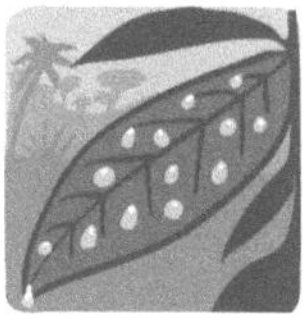

la humedad

رطوبت هوا

el rayo

صاعقه

el trueno

آسمان غره

la tormenta

طوفان

el granizo

تگرگ

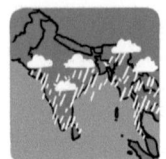

el monzón

باد موسمی

la inundación

سیل

el hielo

یخ

enero

ژانویه

febrero

فوریه

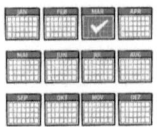

marzo

مارس

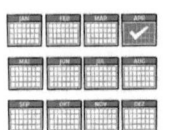

abril

آوریل

mayo

مه

junio

ژوئن

julio

ژوئیه

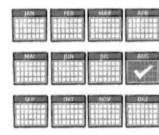

agosto

آگوست

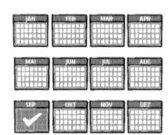

septiembre

سپتامبر

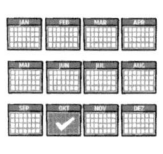

octubre

اكتبر

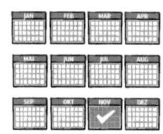

noviembre

نوامبر

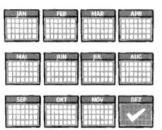

diciembre

دسامبر

las formas

أشكال

el círculo

دايره

el cuadrado

مربع

el rectángulo

مستطيل

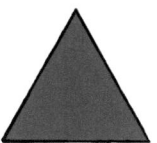

el triángulo

سه گوش

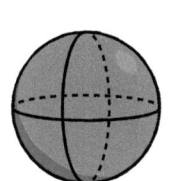

la esfera

گره

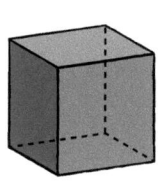

el cubo

مكعب مربع

blanco

سفید

amarillo

زرد

naranja

نارنجی

rosa

صورتی

rojo

قرمز

violeta

بنفش

azul

آبی

verde

سبز

marrón

قهوه ای

gris

خاکستری

negro

سیاه

mucho / poco

خیلی / کم

enojado / tranquilo

خَشمگین/ آرام

lindo / feo

زیبا / زشت

el principio / el fin

شروع / پایان

grande / chico

بزرگ / کوچک

claro / oscuro

روشن / تیره

el hermano / la hermana

برادر / خواهر

limpio / sucio

تمیز / آلوده

completo / incompleto

کامل / ناقص

el día / la noche

روز / ثبب

muerto / vivo

مرده / زنده

ancho / angosto

پهن / باریک

comestible / no comestible

قابل خوردن / غیر قابل خوردن

malo / amable

غضبناک / مهربان

entusiasmado / aburrido

هیجان زده / بی حوصله

gordo / flaco

چاق / لاغر

primero / último

اولین / آخرین

el amigo / el enemigo

دوست / دشمن

lleno / vacío

پر / خالی

duro / blando

سفت / نرم

pesado / liviano

سنگین / سبک

el hambre / la sed

گرسنگی / تشنگی

enfermo / sano

مریض / سالم

ilegal / legal

غیرقانونی / قانونی

inteligente / estúpido

باهوش / خنگ

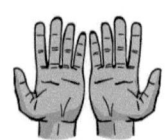

izquierda / derecha

چپ / راست

cerca / lejos

نزدیک / دور

nuevo / usado

نو / استفاده شده

nada / algo

هیچ چیز / چیزی

viejo / joven

پیر / جوان

encendido / apagado

روشن / خاموش

abierto / cerrado

باز / بسته

silencioso / ruidoso

آهسته / بلند

rico / pobre

ثروتمند / فقیر

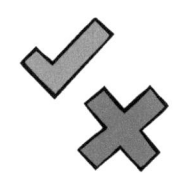

correcto / incorrecto

درست / غلط

áspero / suave

زبر / صاف

triste / contento

غمگین / خوشحال

corto / largo

کوتاه / بلند

lento / rápido

کند / تند

mojado / seco

تر / خشک

caliente / frío

گرم / خنک

guerra / paz

جنگ / صلح

0

cero

صفر

1

uno

یک

2

dos

دو

3

tres

سه

4

cuatro

چهار

5

cinco

پنج

6

seis

شش

7

siete

هفت

8

ocho

هشت

9

nueve

نه

10

diez

دَه

11

once

یازده

12
doce

دوازده

13
trece

سیزده

14
catorce

چهارده

15
quince

پانزده

16
dieciséis

شانزده

17
diecisiete

هفده

18
dieciocho

هجده

19
diecinueve

نوزده

20
veinte

بیست

100
cien

صد

1.000
mil

هزار

1.000.000
el millón

میلیون

los números - اعداد

el inglés

انگلیسی

el inglés americano

انگلیسی آمریکایی

el chino mandarín

چینی ماندارین

el hindi

هندی

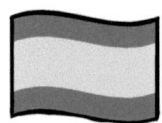

el español

اسپانیایی

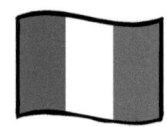

el francés

فرانسوی

el árabe

عربی

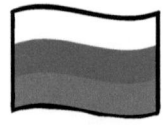

el ruso

روسی

el portugués

پرتغالی

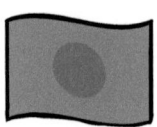

el bengalí

بنگالی

el alemán

آلمانی

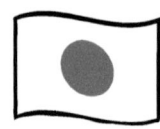

el japonés

ژاپنی

yo

من

vos

تو

él / ella

او

nosotros

ما

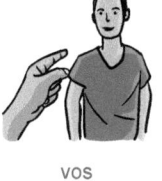

ustedes

شما

ellos

آنها

¿quién?

چه کسی؟ کی؟

¿qué?

چی؟

¿cómo?

چگونه؟

¿dónde?

کجا؟

¿cuándo?

کی؟

el nombre

نام

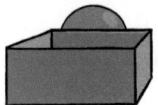

detрás

پشت

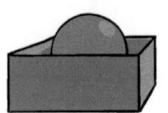

en

توی

adelante de

جلو

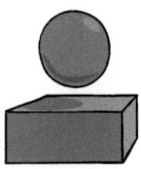

por encima de

بالای

sobre

روی

debajo de

زیر

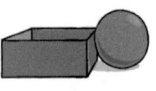

al lado de

مجاور

entre

بین

el lugar

مکان